Helga Levend / Ludwig Janus (Hg.)
Drum hab' ich kein Gesicht

Helga Levend
Ludwig Janus (Hg.)

Drum hab ich kein Gesicht

Kinder aus unerwünschten Schwangerschaften

echter

Die Deutsche Bibliothek – CIP-Einheitsaufnahme

Drum hab ich kein Gesicht :
Kinder aus unerwünschten Schwangerschaften / Helga Levend ;
Ludwig Janus (Hg.) – Würzburg : Echter, 2000
ISBN 3-429-02209-6

Umschlag: Uwe Jonath (Foto: Tony Stone Bilderwelten)
Druck und Bindung: Druckerei Lokay e. K., Reinheim
ISBN 3-429-02209-6

Inhalt

III. Wiedererleben und Verarbeiten in der Psychotherapie

IV. Orientierungen und Hilfen

Vorwort

Daß Kinder unerwünscht zur Welt kommen, ist das hier und heute überhaupt noch ein Problem, über das es sich lohnt, persönlich nachzudenken, die Folgen davon wissenschaftlich zu erforschen? Schließlich haben wir hierzulande eine Baby-Baisse und keinen Baby-Boom zu verzeichnen. Der Trend geht dahin, Kinder bereits im Vorfeld zu verhüten. Und wenn die modernen Verhütungsmittel mal versagt haben oder vernachlässigt wurden, es zu einer ungewollten Schwangerschaft der Frau kommt, kann das ungeborene Leben ja bedenken- und gefahrenlos abgetrieben werden.

So leicht – wie häufig vor allem von selbsternannten Lebensschützern angenommen wird – entscheiden sich Frauen jedoch keineswegs für eine Abtreibung. Aus der Forschung geht hervor, daß der Abbruch einer Schwangerschaft in den obersten Bereich belastender Lebensereignisse, vergleichbar mit einer Scheidung, dem Tod des Partners oder eines Elternteils, gehört. Der Vorwurf, es seien allein vordergründige, kurzfristige, finanziell eigennützige Erwägungen auf seiten der Frauen und Männer, die zu einem Mißbrauch der Notlagenindikation führen, ist nicht haltbar. Dies geht aus einer empirischen Untersuchung hervor, die am Freiburger Max-Planck-Institut durchgeführt wurde.

Fast die Hälfte aller Schwangerschaften sind ungeplant, so schätzen es die Forschungs-Experten ein. Ob aber aus jeder ungeplanten Schwangerschaft letztlich auch ein unerwünschtes Kind zur Welt kommt, ist nicht anzunehmen. Aus einem ungeplanten, vielleicht sogar ungewollten Kind kann im Verlauf der Schwangerschaft ein gewolltes Kind werden. Und umgekehrt kann schon während der Schwangerschaft oder nach der Geburt ein Wunschkind zu einem unerwünschten Kind werden, dann nämlich, wenn innere oder äußere Konflikte die Eltern in psychische oder soziale Not bringen. Mit der Verbindung von Samen und Ei, der Zeugung eines Kindes, beginnt auch dessen physischer und seelischer Überlebenskampf, zumal das Immunsystem der Mutter gerade in den ersten drei Monaten der Schwanger-

schaft mit Abwehr auf das werdende Kind reagiert, auch dann, wenn es ein Wunschkind ist.
Dieses Buch befaßt sich mit der Unerwünschtheit von Kindern und dem, was ungeborene Kinder bereits wahrnehmen und empfinden können. Als unerwünschtes Kind neun Monate lang in utero zu leben, bleibt für das spätere Leben nicht ohne Folgen. Wenn die Folgen in diesem Buch in ihren verschiedenen Facetten aus der Sicht der unerwünschten Kinder, der Mütter und Therapeuten erzählt werden, dann nicht, um Frauen, die ihr Kind nicht haben wollten, mit noch mehr Schuldgefühlen zu belasten, sondern um hier ein Tabu zu durchbrechen und Denkanstöße für eine befreiende Auseinandersetzung mit dem Unerwünschtsein von Kindern anzuregen.
Das heutige medizinische und psychotherapeutische Wissen um die Lebenswirklichkeit des Kindes vor der Geburt vermittelt eine neue Sicht und neue Einfühlungsmöglichkeiten in die Erfahrungswelt unerwünschter Kinder und ihrer Eltern. Insofern ist das Buch für Betroffene und Fachleute gleichermaßen interessant, um sich mit dem Schicksal dieser Menschen auseinanderzusetzen und eine Denkschablone zu durchbrechen: ›Wenn das Kind nun mal da ist, dann muß es ja gewollt gewesen sein.‹ Leider entspricht das nicht der Realität.
An dieser Stelle danken die Herausgeber dieses Buches all jenen, die mit ihrem therapeutischen Wissen und ihren persönlichen Erzählungen dazu beigetragen haben, das Tabu des Unerwünschtseins in den Familien zu durchbrechen. Die hier versammelten Beiträge zeigen, daß dieses Tabu nicht mehr gebraucht wird.
Sicher, traumatische Erlebnisse am Lebensanfang lassen sich nicht heilen, aber die Betroffenen können lernen, mit ihnen zu leben, wenn sie bereit sind, sie zur Kenntnis zu nehmen und in ihr Leben zu integrieren. Es ist der Lebenswille, der hilft, sich der Herausforderung der Probleme zu stellen und Hilfe zur Selbsthilfe zu suchen und anzunehmen. Von der Hilfe zur Selbsthilfe und konkreten Hilfen anderer ist vor allem im letzten Kapitel dieses Buches die Rede.

Helga Levend *Ludwig Janus*

I. Zur Einführung

Helga Levend

Im Vorraum zur Welt

Ergebnisse der psychologischen und medizinischen Forschung

Schon 1924 schrieb der Psychoanalytiker Gustav Hans Graber: »Alle unsere psychotherapeutischen Bemühungen um den Menschen bleiben Stückwerk, wenn wir nicht zu der Einsicht vorstoßen und den Mut haben, die Integration des vorgeburtlichen Lebens als den wesentlichen Bereich in die Biographie und Pathographie der Persönlichkeit aufzunehmen.« Also auch die Unerwünschtheit eines Kindes.

Daß Kinder unerwünscht zur Welt kommen, ist das hier und heute überhaupt noch ein Problem? Offensichtlich ja. Nach dem UN-Weltbevölkerungsbericht sind mindestens 75 Mill. der geschätzten 175 Millionen Schwangerschaften pro Jahr ungewollt. Aus den Akten des Statistischen Bundesamtes in Wiesbaden geht hervor, daß im Jahr 1996 trotz Pille und anderer Verhütungsmittel 130 900 Frauen ihre Schwangerschaft abgebrochen haben. Oder, um es mit anderen Zahlen auszudrücken: Auf 1000 Geburten kamen in den neuen Bundesländern 356 und in den alten Bundesländern 143 Abtreibungen. Die Dunkelziffer dürfte aber weit höher liegen. Und die Zahl mißlungener Abtreibungsversuche in den verschiedensten Varianten ist durch keine Statistik zu erfassen. Nach vorsichtigen Schätzungen der Experten kommt auch heute noch jedes dritte Kind unerwünscht auf die Welt. Frauen erinnern sich nicht gern an mißlungene Abtreibungsversuche. Kaum eine Mutter, die ihr Kind unfreiwillig austrägt, spricht über ihre Empfindungen.

Die in Köln lebende Psychotherapeutin Helga Blazy spricht in diesem Zusammenhang von einem Potential destruktiver Energien gegenüber dem ungeborenen Kind. Sie verweist darauf, daß sich die Unerwünschtheit eines Kin-

des selten allein aus augenblicklichen schwierigen sozialen und finanziellen Verhältnissen oder den Mißverständnissen und Streitigkeiten eines Elternpaares erklären läßt, sondern auf die eigene Kindheit und die Erfahrungen vergangener Generationen verweist.
Hier beginnt die Tragik. Was sich durch die pränatale psychologische Forschung inzwischen beweisen läßt: Unerwünschte Kinder zeugen als Erwachsene wieder unerwünschte Kinder. Sie tun als Mütter und Väter ihren Kindern, auch den ungeborenen, offen oder subtil wieder die Gewalt an, die sie in ihrem Leben selbst erfahren haben. »Ein Wiederholungszwang beginnt«, wie der Soziologe Gerhard Amendt sagt, »weil in diesen Familien geleugnet werden mußte, daß Kinder auch unerwünscht sein können«.
1994 konnte der amerikanische Analytiker John Sonne in seinen Forschungen eine Verbindung aufzeigen zwischen den intrauterin bedrohlich erlebten Beeinträchtigungen seiner Klientel und ihrer späteren Lebensweise, ihren negativen Lebensgefühlen, ihren selbstdestruktiven Einschätzungen und Verhaltensweisen in konfliktreichen Lebenssituationen. Viele seiner Patienten waren zu ihm gekommen, weil sie grundsätzlich an ihrer Daseinsberechtigung zweifelten, kein Selbstgefühl, geschweige denn ein Selbstwertgefühl in ihrem Leben entwickeln konnten. Viele seiner Patienten dachten an Selbstmord, weil ihnen etwas nicht gelungen war in ihrem Leben. Weil sie Niederlagen erleben mußten, lag ihnen der Gedanke nicht fern, ihr Leben als »unwertes Leben« einzustufen (vgl. die Beiträge von Huber u. Reinert, S. 100 u. 112). Sonne ging noch weiter in seinen Forschungen und Überlegungen. Das Vergangene auch früherer Generationen ist für ihn nicht tot. Die in einer Familie unverarbeiteten Schrecken früherer Generationen leben seiner Auffassung nach in uns weiter. Es geht für ihn nicht allein darum, ob ein Mensch einen dilettantischen Abtreibungsversuch überlebt hat. Vielmehr spricht Sonne davon, daß es weitere Einflüsse gibt, die nach der Zeugung eines Kindes seine Entwicklungsmöglichkeiten negativ mitprägen können,

Einflüsse, die schon in der Herkunftsfamilie seiner Eltern angelegt waren. Sonne spricht hier nicht von genetischen Einflüssen. Er betont die emotional und sozial tradierten Einflüsse einer Familie, die in der Mutter und dem Vater eines ungeborenen Kindes unbewußt lebendig sind. Das kann eine frühere Abtreibung, eine Fehlgeburt oder der Tod eines Kindes gewesen sein.
Um wieviel schwieriger mag sich dann das Leben der Menschen gestalten und bewältigen lassen, die einen Abtreibungsversuch überlebt haben? Wie mag ihr Innenleben aussehen?

> »Meine Mutter wollte mich nicht haben
> Ich wollt' die Mutter nicht
> Drum hab' ich kein Gesicht
> Bis sie mich begraben.«

Diese knappen Zeilen der Kinderbuch- und Hörspielautorin Inge Müller (»Wenn ich schon sterben muß«) vermitteln vielleicht einen Eindruck davon, wie belastet ungewollte Kinder ihr Leben meistern müssen. Inge Müller wurde 1925 in Berlin geboren. Immer neue Enttäuschungen, Einsamkeit, beständige Selbstzweifel haben ihr Leben überschattet. Mehrere Selbstmordversuche lagen schon hinter ihr, als es ihr 1966 endgültig gelang, ihrem Leben ein Ende zu setzen.
Unser Dasein in dieser Welt beginnt nicht erst mit der Geburt. Es beginnt bereits mit der Zeugung und dem weiteren Leben in utero. Die Geburt ist lediglich eine Zäsur, ein Milieuwechsel, auf den der Mensch gut oder schlecht durch seine Eltern vorbereitet wurde. Die Erfahrungen, die das ungeborene Kind im Mutterleib macht, prägen seine Basisaffekte, sein Nervensystem. Hier bilden sich seine ersten Einstellungen gegenüber der Welt heraus: Vertrauen oder Mißtrauen, Sicherheit oder Unsicherheit, das Selbstwertgefühl und das Bindungsverhalten. Das ungeborene Kind spürt, ob es von seinen Eltern willkommen geheißen wird oder nicht. Als unerwünschtes Kind neun Monate in utero zu überleben, kann für das spätere Leben nicht ohne Folgen bleiben. Das ist die zentrale Botschaft der pränatalen Psychologie.

Daß Kinder, die unerwünscht zur Welt kommen, häufiger mit Schuldgefühlen und Lebensängsten zu kämpfen haben als andere, ist inzwischen durch viele Studien nachgewiesen worden. Die wohl wichtigste Studie stammt aus Prag. Untersucht wurden 220 Kinder (110 Jungen und 110 Mädchen), die in den Jahren 1961 bis 1963 geboren wurden und deren Mütter zweimal die Unterbrechung der Schwangerschaft erfolglos beantragt hatten.
Die Untersuchung der Prager Forschergruppe erstreckte sich bis zum 23. Lebensjahr der Kinder. Großen Wert legte das Team auf die Auswahl einer geeigneten Kontrollgruppe erwünschter Kinder. Die ehemals unerwünschten Kinder meinten deutlich häufiger, daß ihre Eltern mit ihnen unzufrieden waren und dies auch geäußert haben. Ansonsten schienen die Unterschiede zwischen den Kontrollgruppen gewollter und ungewollter Kinder zunächst keineswegs dramatisch. Erst in der Addition vieler kleiner Unterschiede konnte festgestellt werden, daß der Start ins Leben nach der Geburt für die unerwünschten Kinder schwierig verläuft und daß sie weniger soziale Kompetenzen zeigten als die Kontrollgruppe.
Die unerwünschten Kinder waren von ihren Müttern nur sehr kurze Zeit gestillt worden. Sie wurden von ihnen zwar nicht aktiv zurückgewiesen – dies war eher die Ausnahme –, doch war die Beziehung zwischen Mutter und Kind ambivalent. Die Kinder waren reizbar und neigten zu Wutausbrüchen. Sie lehnten das Spiel mit anderen Kindern oft ab und hatten weniger Freundschaftsbeziehungen als die Kontrollgruppe. Von anderen Kindern wurden sie als Kasper, als Raufbolde, als Feiglinge oder einfach als »Nullen« bezeichnet. Obwohl die unerwünschten Kinder sich in ihren IQ-Werten nicht von denen anderer unterschieden, waren ihre schulischen Leistungen von Anfang an schlechter. Und diese Kluft verstärkte sich mit zunehmendem Alter.
Es ist nicht unbedingt das Bild des Neurotikers, das diese Kinder abgeben, so ist der Prager Studie zu entnehmen. Viel eher ist es das Bild eines Menschen, bei dem die Abwehrreaktionen stark entwickelt sind, und zwar auf

Grund früher Gefühle der Unsicherheit und Unzufriedenheit, die in dauerhafte Wesenszüge übergewechselt sind. In dieser Studie wurde erstmalig der Begriff der psychischen Deprivation verwendet, um darauf hinzuweisen, daß die psychologischen Befunde bei dieser Kindergruppe in vieler Hinsicht den Befunden von Gruppen deprivierter, also sozial ausgestoßener Kinder ähneln. Ein wichtiges Fazit der Prager Forscher: Die psychische Ausstoßung und Ablehnung unerwünschter Kinder »impliziert auch dauerhafte Abweichungen beim Entstehen der menschlichen Persönlichkeit. Daraus erwächst eine gewisse Gefahr der Übertragung auf die nächste Generation.«

In anderen Studien wurde nachgewiesen:

– Bei Kindern, die wegen typischer Verhaltensstörungen in der Schule Schwierigkeiten haben, ist der Anteil der unerwünschten Kinder größer als der Anteil der erwünschten.

– Bei Kindern, die von ihren Eltern mißhandelt oder mißbraucht worden sind, ist der Anteil der unerwünschten Kinder größer als der Anteil der erwünschten Kinder.

– Bei auffälligem Verhalten und bei mißlungenen oder gelungenen Selbstmordversuchen im Jugendalter ist der Anteil der unerwünschten Kinder ebenfalls größer als der Anteil der erwünschten Kinder.

Was unerwünschten Kindern schon im Mutterleib fehlt, ist das Lebenselixier, die emotionale Zuwendung der Eltern, die ihnen das Leben gaben. Ihr Weg ins Leben ist durch negative Vorzeichen mitbestimmt, da ihre Entwicklungsbedürfnisse schon in utero gefährdet waren.

Wie sich der Mensch im Mutterleib entwickelt, ist nicht allein eine physiologische Angelegenheit, sondern ist von vielfältigen psychischen Faktoren abhängig, von den Gefühlen der Zuneigung oder Abneigung der Eltern, die sie dem ungeborenen Kind entgegenbringen. Schon Leonardo da Vinci schrieb: »Dieselbe Seele beherrscht die beiden Körper ..., die Wünsche der Mutter kann man oft eingeprägt in dem Kinde wiederfinden, das sie zum Zeitpunkt des Wunsches trägt. Ein Verlangen, ein starker Wunsch, eine Angst der Mutter oder geistig-seelischer Schmerz, all das hat mehr Macht über das Kind als über die Mutter, da das Kind häufig durch sie sein Leben verliert.« Eindrücklich erzählt auch die bekannte Journalistin Oriana Fallaci in ihrem »Brief an ein nie geborenes Kind«, wie allein die Gedanken und Zweifel, die Angst der Frau, die Verantwortung für ihr Kind nicht übernehmen zu können, wie Konflikte mit dem Vater des Kindes so wirkmächtig werden können, daß die Gebärmutter der Frau mit frühzeitigen Wehen, mit Blutungen und physischen Abstoßungsversuchen auf das Kind reagiert, die letztlich sogar zum Tod des Kindes in utero führen können.

Der in Ungarn lebende Psychoanalytiker Jenö Raffai bezeichnet die emotionale Geschichte der Mutter, die das Kind im Uterus »durchströmt«, als »Mutterrepräsentant«. Eine unbewußt negative psychische Einstellung der Mutter zu ihren vitalen Fähigkeiten, die Mutterschaft anzunehmen (vgl. den Beitrag von Janus, S. 176), oder die unbewußte starke Ablehnung des intrauterinen Kindes, können aus der Verinnerlichung eines negativen Frauen- oder Mutterbildes resultieren. Auch eine frühere Abtreibung kann bei einer späteren erwünschten Schwangerschaft auf einer tieferen psychischen Ebene unbewußte Schuldgefühle und Erinnerungen im Körpergedächtnis der Frau hervorrufen. Die Folge davon können frühzeitige Wehen sein. Bei zu frühen Wehen verschreiben Ärzte Ruhe und wehenhemmende Medikamente. Aber wie bei allen Medikamenten sind Nebenwirkungen nicht ausgeschlossen, von denen das werdende Kind oft nicht verschont bleibt (vgl. die Beiträge von Zeile, S. 74 und Levend, S. 152).

Inzwischen mehren sich Studien, die belegen: Viele unerwünschte Kinder kommen untergewichtig zur Welt und kränkeln im Säuglingsalter. Sie lehnen die Brust der Mutter häufig ab oder erbrechen die Milch, gleichsam als wäre die mütterliche Nahrung vergiftet. Auch der plötzliche Kindstot wird von einigen Forschern mit der Unerwünschtheit des Kindes erklärt (Amendt). Im Krabbelalter zeigen unerwünschte Kinder kaum Kooperationsbereitschaft mit der Mutter und sind wenig bereit, ihren Anweisungen und Verboten zu folgen. Manche dieser Kinder sind ängstlich und passiv, andere dagegen zeigen eine ungewöhnliche Unabhängigkeit von ihren Eltern, Kreativität und einen starken Leistungswillen.

Liest man die Biographien großer Künstler, etwa die von Edgar Allen Poe, von Thomas Bernhard, von Vincent van Gogh oder Salvador Dalì, mit dem Blick darauf, ob sie als Kind erwünscht oder unerwünscht waren, dann drängt sich die Erkenntnis auf, daß sie unerwünscht waren, bzw. daß sie so, wie sie waren, als Person nicht erwünscht waren (vgl. den Beitrag Janus, S. 176). Dalì beispielsweise bezog sich explizit auf seine vorgeburtlichen Erfahrungen als Quelle seiner Kunst. Für ihn war dies vor allem die unstillbare Trauer der Mutter um den zuvor verstorbenen älteren Bruder, für den er das Ersatzkind werden sollte, ein Schicksal, das er mit van Gogh teilte. Vieles spricht dafür, daß regressive Wiederbelebungen von Erinnerungen vorgeburtlicher und geburtlicher Erfahrungen schon immer in Verbindung mit dem künstlerischen Schaffen standen (vgl. den Beitrag Fabricius, S. 33).

Wir denken nicht daran, aber bei der Zeugung und nach der Zeugung eines Kindes stehen unsere eigenen Eltern und selbst noch unsere Großeltern Pate. Diese Auffassung vertritt der aus Schweden stammende Gynäkologe und Kinderpsychiater Peter Fedor-Freybergh. »Wenn wir, wie es in Japan und China noch üblich ist, davon ausgehen, daß das Kind bei der Geburt neun Monate alt ist, dann liegt der Gedanke nahe zu sagen: Die Weichen am Anfang des Lebens werden schon in dem Elternhaus der neuen Elterngeneration gestellt. Die Attitüden der Großeltern, ihre bejahende oder ambivalente Einstellung zur Schwangerschaft und gegenüber Kindern, haben sie auf ihre Kinder übertragen.« Konsequent plädiert Fedor-Freybergh denn auch für eine Erziehung der Erzieher, für eine Erziehung zum *Elternwerden.* »Mütter und Väter geben ihr Lebensgefühl schon an das Ungeborene weiter. Erst wenn Eltern in der Lage sind, selbst ein befriedigendes Leben zu führen, dies auch in schwierigen Lebenssituationen, können sie dieses gute Lebensgefühl an die Kinder weitergeben.«

Selbst heute noch ist es keineswegs schon eine echte Entscheidung für das Kind, wenn eine Mutter sich nicht zum Abbruch der Schwangerschaft entschließt. Das zeigt sich nicht nur in den Fällen, in denen Mütter aus sozialer und psychischer Not ihr Kind zur Adoption freigeben (vgl. den Beitrag Thomsen, S. 158), sondern auch in einer bewußten oder unbewußten Ablehnung des Kindes. Jedoch die unbewußte oder die bewußte Ablehnung des ungeborenen Kindes ist eine tief erfahrene Kränkung, die alle späteren Entwicklungen des Menschen überschatten kann, da sich die Ablehnung des Kindes nach seiner Geburt oft noch durch die Schuldgefühle der Mutter verstärkt. Die Abwehrreaktion als Schutzmaßnahme vor weiteren Kränkungen, die schon das ganz kleine Kind entwickelt hat, ist selbst in der Therapie schwer zu durchbrechen. Der Heilungsprozeß erwachsener Patienten kann sich über Jahre hinziehen. Oft wird die tiefe innere Verletzung erst im Erwachsenenalter gefühlt und findet keine Erklärung. »Manche dieser Menschen beginnen eine Therapie, weil sie in ihrem Leben mehr und mehr von Hoffnungslosigkeit ergriffen werden oder sich in Aktivitäten verwickeln, die dazu bestimmt scheinen, sich selbst physisch und psychisch zu zerstören. Teile des eigenen Selbst und des Körpers werden mit Teilen der ehemals Angst auslösenden, kränkenden und zerstörerischen Mutter identifiziert. Das vorgeburtlich abgelehnte und in seinem Ego verletzte Kind übernimmt als Erwachsener selbst die Zerstörung seiner Person«, schreibt die Psychotherapeutin Helga Blazy. Doch sind solche selbstzerstörerischen Tendenzen zugleich Warnsignale der Seele. Die Erfahrung, von der Helga Blazy spricht, wird inzwischen von vielen Therapeuten bestätigt, die bereit sind, sich auf die Erkenntnisse der pränatalen Psychologie einzulassen: daß unser inneres Erleben längst vor unserer Geburt beginnt (vgl. III. Kapitel Wiedererleben und Verarbeiten in der Psychotherapie).
Es ist noch gar nicht so lange her, da galt es noch als gegebene wissenschaftliche Tatsache, daß die Gebärmutter ein neutraler, geschützter Raum ist, in dem sich der werdende Mensch quasi parasitär und bewußtlos bis zu seiner Ge-

burt entwickeln kann, wenn sein biologisches Werden nicht durch eine »verantwortungslose« Mutter, die während der Schwangerschaft raucht und trinkt, gefährliche Sportarten betreibt oder sich schlecht ernährt, gestört wird. Sowohl die pränatale Psychologie als auch die pränatale Medizin mit ihren vielfältigen bildgebenden Verfahren (z. B. der Fotografie, Ultraschalluntersuchungen oder der Messung der Hirnströme des ungeborenen Kindes) haben diese Vorstellung längst widerlegt. Heute wissen wir: Der Uterus ist weder ein schalldichter noch ein völlig lichtundurchlässiger, dunkler Raum. Schon das Kind im Mutterleib kann riechen, hören, schmecken, weinen und durch Mimik und Bewegungen Behagen und Unbehagen, Angst und Schrecken ausdrücken. Es hört die Stimmen seiner Eltern und reagiert auf Außengeräusche. Aktiv nimmt es auf seine Weise am Geschehen außerhalb seiner Welt Anteil. Ja, es ist sogar schon fähig, sich Lustgefühle zu verschaffen.

Vor allem die bildliche Erfassung des Kindes vor der Geburt durch Ultraschall ermöglichte die systematische Erforschung der komplexen sensorischen, motorischen und kognitiven Fähigkeiten des ungeborenen Kindes. Besonders eindrücklich sind die so gewonnenen Verhaltensbeobachtungen der italienischen Psychoanalytikerin Piontelli. Sie schreibt: »Während der Ultraschalluntersuchung schien Julia extrem ruhig zu sein, aber nicht unbeweglich. Die meiste Zeit trieb sie im Rhythmus des mütterlichen Atems im Fruchtwasser, als ob sie dadurch gewiegt würde. Mehrere Male wurde beobachtet, wie sie sich rhythmisch bewegte, offenbar um einzuschlafen. Meist hielt sie die Arme an ihrer Seite, aber sie hatte sie auch zwischen ihren Beinen oder sie führte die Hände zusammen und bewegte dabei ihre Finger mit großer Geschicklichkeit. Aber das Auffälligste waren die ständigen Bewegungen ihrer Zunge. Bei den letzten Beobachtungen wurde gesehen, wie sie leidenschaftlich an der Plazenta leckte ... Einmal leckte sie auch an der Nabelschnur. Während ich Julia beobachtete, vermittelte sie mir den Eindruck, eine ruhige Natur zu sein und mit ihrer intrauterinen Welt in Einklang zu leben.«

In dem »ökologischen System« zwischen Mutter, Vater und ungeborenem Kind, von dem Fedor-Freybergh spricht, bleibt das Kind nicht verschont von den negativen Gefühlen, von Streßsituationen aller Art, die seine Eltern bewältigen müssen. Durch die medizinische Forschung ist belegt: Glück und Unglück, Angst und Stress, Gefühle von Depression teilen Mütter ganz ungewollt ihrem ungeborenen Kind mit. Dies über ihre Atmung, ihren Herzschlag, über ihre Magen- und Darmgeräusche, über die Ausschüttung von Hormonen und Adrenalin. Der Mutterleib ist keineswegs ein reizarmer oder ein stiller Ort. Das ungeborene Kind wächst mit einem Klangpegel von 80 bis 95 Dezibel heran. Zum Vergleich: Eine normale Unterhaltung zwischen Erwachsenen liegt bei 10 bis 50, die Schmerzgrenze liegt bei 125 Dezibel.
Mit seinen ›Hörstudien‹ kann das ungeborene Kind schon früh beginnen, denn bereits in der zehnten Woche nach der Empfängnis ist das eigentliche Hörorgan, die Schnecke (Cholea) im Innenohr, gänzlich ausgebildet. Außenreize auf das Hörorgan sind wichtig für die weitere Entwicklung des Gehirns. In der ersten Zeit des pränatalen Erlebens herrscht der Herzrhythmus der Mutter vor, vermischt mit den anderen Rhythmen, die durch das Schwingen der mütterlichen Organe, der Atmung und dem Rauschen des Blutes hervorgerufen werden. Später kommen die äußeren Hörreize hinzu. Allmählich lernt der ungeborene Säugling die Struktur von Klängen zu erkennen.
Wie die Säuglingsforschung inzwischen belegen kann, erkennt das Baby bereits nach seiner Geburt nicht nur die Stimme der Mutter und des Vaters, sondern auch den Rhythmus von Sprache und Musik. Vertraute Stimmen und Geräusche beruhigen das Baby, wenn es nach der Geburt plötzlich mit unbekannten und ungefilterten Geräuschen oder Lichtsignalen fertig werden muß oder von der Mutter getrennt ist. »Die Grundstrukturen von Sprache und Musik, bestehend aus den Elementen Rhythmus, Dynamik, Klang, Melos und Form, werden bereits im Mutterleib verinnerlicht und gelernt.« So der in Hamburg leh-

rende Musikprofessor Hans-Helmut Decker-Voigt. »Unser Ohr ist das erste Tor nach draußen mit der Aufgabe, dieses Außen nach innen zu holen. Unser Ohr wird auch als letzter Sensor noch aufnehmen – bis unser Lebenskreis sich schließt.« Die französische Analytikerin Miriam Szejer weiß aus ihrer therapeutischen Arbeit mit Neugeborenen zu berichten, daß sie bereits die Fähigkeit besitzen, die Muttersprache zu begreifen. Sie erkennen, wenn in ihrer Gegenwart über sie gesprochen wird, und hören aufmerksam zu oder reagieren sogar mit Protestgeschrei.
Aber kann sich der Mensch wirklich an sein Leben in utero erinnern? Gibt es ein Gedächtnis, das bereits lange vor unserer vorsprachlichen Lebenszeit angelegt ist? Aus welchen Quellen speist sich die Erinnerung? Kann sich der Mensch an die Gefühle der Ablehnung oder an einen überlebten Abtreibungsversuch erinnern? Gedächtnis- und Schmerzforscher sagen: Ja. Sie sprechen in diesem Zusammenhang von einem Erlebnis- und Zellgedächtnis des Menschen, das nichts vergißt. Aber obwohl ebenfalls bekannt ist, daß das Zwischenhirn des Menschen bereits im dritten Monat der Schwangerschaft entwickelt und funktionsfähig ist, daß die wichtigen Sinnesorgane, wie das Hören und Fühlen, also unser taktiles Nervensystem, das auf Druck, Kälte und Wärme reagiert, in den ersten drei Lebensmonaten in utero sehr weit entwickelt sind, sind die oben gestellten Fragen unter Psychotherapeuten noch umstritten. Berichte aus Psychotherapien, die unmittelbar mit dem Gefühl und dem Körpererleben arbeiten, wie die Primärtherapie, die Holotropetherapie, die Hypnotherapie und verschiedene andere Körpertherapien bestätigen, daß das Zellgedächtnis des Menschen nichts vergißt. Doch wird die Frage nach dem Nichtgewolltsein bis heute höchstens in zehn Prozent der Psychotherapien gestellt, dabei spielt sie in 70 bis 80 Prozent der Psychotherapien eine Rolle (Quelle: Internationale Studiengemeinschaft für Pränatale und Perinatale Psychologie und Medizin).
Ohne aktive Wahrnehmung, ohne die Verarbeitung der Wahrnehmungen in Gefühle und die Speicherung der Gefühle im Gedächtnis kann sich kein Mensch entwickeln,

auch der Embryo nicht. Die Gefühle sind die Basis, auf der alle kognitiven Inhalte, alle Denk- und Erinnerungsvorgänge des Menschen entstehen. Aus der Säuglingsforschung ist inzwischen bekannt: Die in den Nervenzellen und im Gehirn gespeicherten Gefühle des ungeborenen Kindes, die Erinnerung daran, ist unentbehrlich für sein Überleben nach der Geburt. Diese Erkenntnis legt den Schluß nahe, daß wir auch als Erwachsene eine Erinnerung an unsere pränatale Zeit haben. Es sind keine Erinnerungen in dem uns bekannten Sinne, sondern es sind Empfindungen und Eindrücke, die wie Enagramme in uns eingetragen sind und in verschlüsselter Form immer wieder auftauchen. Besonders in Krisen- und Umbruchsituationen werden diese ganz frühen Erinnerungen virulent. Zum Beispiel in Träumen, in Ängsten, in Phantasien, in unverhofften Glücksmomenten, in depressiven Verstimmungen, in Muskelverspannungen, in plötzlichen Atembeschwerden. Wir müssen heute sogar davon ausgehen, daß körperliche Erkrankungen wie Asthma und Hautallergien ihren Ursprung in der pränatalen Zeit unseres Lebens haben können.

Die willentliche oder unbewußte Desintegration eines ungeborenen Kindes kann sich später in einer Störung des Denkens äußern, das bestehende positive menschliche Zusammenhänge verleugnet. Selbst der erwachsene Mensch hört dann nur noch auf die verinnerlichten negativen Stimmen seiner Eltern und macht sie zu seiner eigenen Stimme: *Du bist zu nichts wert. Warum bist du überhaupt auf der Welt? Du kannst nichts. Du bist ein Versager, eine Last für andere. Du bist ein Nichtsnutz, ein Unfriedenstifter.* Doch andererseits verfügen die Personen, die einen Abtreibungsversuch und die bewußte oder unbewußte Ablehnung ihrer Eltern überlebt haben, über einen enormen Lebenswillen, auf den sie sich trotz aller wiederkehrenden Ängste, Depressionen und dem Gefühl, nicht gut genug zu sein, im Grunde verlassen können. Sie haben das vorgeburtliche Trauma und die Traumen ihrer Kindheit überlebt und überstanden. Wenn Psychotherapeuten und Ärzte genau hinschauen und sehen lernen, daß die Krankheiten und die psychischen Störungen eines Menschen viel häufiger pränatal als postnatal bedingt sind, wird ihre Arbeit auch effektiver sein. Das ist die Einsicht aller Psychotherapeuten, Psychoanalytiker und Ärzte, die in der Internationalen Studiengemeinschaft für Pränatale und Perinatale Psychologie und Medizin vertreten sind.

Zu akzeptieren, daß die Weichen für unsere psychische Befindlichkeit und sogar für unsere Krankheiten bereits vor der Geburt gestellt werden – und dies eben nicht allein aus unserer genetischen Erbmasse, sondern aus unserem sozialen Erbe –, fällt vielen Eltern, erwachsenen Kindern und Wissenschaftlern noch schwer. Der gesellschaftliche Trend geht heute eher dahin, nicht frühe Prägungen und Sozialisation, sondern die Wirksamkeit der Gene zu beachten und sie verantwortlich zu machen für die vielfältigen Verhaltensstörungen oder Krankheiten des Menschen, als könne man so Verantwortung für das Leben abgeben (vgl. den Beitrag Dehne, S. 26). Schon die Erkenntnisse von Sigmund Freud und Carl Gustav Jung, die sagten, daß das kleine Kind mit seinen Erfahrungen in uns weiterlebt, waren eine Herausforderung für das Denken und Selbstverständnis des Menschen. Jetzt, im Jahre 2000, stehen wir vor einer neuen Herausforderung, nämlich zu akzeptieren, daß auch das ungeborene Kind in uns weiterlebt.

Literatur

Adoptiert – Lebensgeschichten auf der Suche nach dem Anfang, München 1994.
Amendt, G., Das Leben unerwünschter Kinder, Frankfurt am Main 1992.
Bernhard, T., Ein Kind, München 1999.
von Deun, U./Kutter, P., Ich hab' dich nicht gewollt, mein Kind, Reinbek 1992.
Fallaci, O., Brief an ein nie geborenes Kind, Frankfurt/M. 1980.
Janus, L., Wie die Seele entsteht – Unser psychisches Leben vor und nach der Geburt, Heidelberg 1997.
Krüll, M., Die Geburt ist nicht der Anfang – Die ersten Kapitel unseres Lebens neu erzählt, Stuttgart 1997.
Speichert, H./Dietel, E., Mama, Papa, ich komme bald! – Das Tagebuch der aufregenden neun Monate bis zu meiner Geburt, Wiesbaden 1999.

Hannelore Dehne

Vom Wunder des Überlebens

Seelenleben in einem Zellklumpen?

Ein bisher kaum betretener Kontinent ist der des pränatalen Seelenlebens. Wenn man ihn einmal entdeckt hat, dann kommt man nicht mehr an ihm vorbei und fragt sich, warum er bisher denn so wenig beachtet wurde und wie es überhaupt möglich ist, ihn zu übersehen. Der Gedanke, daß Seelisches in der gesamten Pränatalzeit, angefangen bei Zeugung und Einnistung, zugegen ist und sich nicht von den biologischen Vorgängen trennen läßt, ist einerseits doch so einleuchtend – wann sonst im späteren Leben sollte die Seele sich dem Körper zugesellen? – und zugleich ein Gedanke, der uns völlig fremd erscheint. Seelenleben in einem Zellklumpen? Ein wahrhaft abenteuerlicher Gedanke!

Diese Spannung kennzeichnet die Beschäftigung mit pränatalem Seelenleben und seiner Fortsetzung im postnatalen Raum insgesamt. Vorgeburtliches Seelenleben ist uns fremder als der Gedanke an Leben auf dem Mars, und so umschiffen wir diesen gefährlichen Kontinent gerne, indem wir nach wissenschaftlichen »Beweisen«, nach Angaben in Maß und Zahl fragen und vielerlei andere Abwehrmauern aufbauen.

Was ist jedoch so fremd? Andere Worte für »fremd« sind: »entfernt, unbekannt, unvertraut«.

Einerseits erscheint uns die pränatale Zeit so weit entfernt, andererseits entwickelt sich ein neuer Zeitbegriff, wenn wir denken können, daß keine dieser Erfahrungen verloren, sondern in jeder Zelle von uns gespeichert ist und von dieser Zeit kündet. Was so fern scheint, wird dann auf einmal ganz nah.

Diese Gedanken mögen auch unvertraut sein, da wir es kaum gewohnt sind, den werdenden Menschen in seiner Ganzheit zu sehen. Es ist zwar viel von Körper-Seele-Einheit die Rede, doch beim vorgeburtlichen Seelenleben ist sie plötzlich aufgehoben, gerät das Seelische aus dem Blick.

Ein Beleg für diese Ausblendung findet sich im ganz normalen Alltag, wenn sich eine Frau entschließt, einen herkömmlichen Schwangerschaftskurs zu besuchen. Da stehen dann Fragen im Vordergrund wie: Welches ist das beste Krankenhaus? Wie sollte die werdende Mutter sich ernähren? Wie lange darf sie Rad fahren, Geschlechtsverkehr haben? Sollte sie schwimmen gehen? Welche Entspannungstechniken gibt es? Sollte der Vater bei der Geburt dabei sein? Wie wird das Kind gewickelt, besser mit Stoff- oder Wegwerfwindeln? Wie sollte das Kind gefüttert werden, besser nach der Uhr oder nach Bedarf? usw.

Sicher sind alle diese Fragen nicht unwichtig, doch gehen sie immer haarscharf am Kind vorbei, behandeln es wie eine Babypuppe und fragen nicht nach seiner Eigenart und Eigenheit. Der Umgang mit dem Ungeborenen wird ein ganz anderer, wenn wir das Kind als eigenständiges Wesen denken. Paradoxerweise verliert das Kind dann seine Fremdheit, wenn wir die Getrenntheit anerkennen, das Kind als »den anderen« sehen, dem wir Respekt schulden.

Sich mit zum Teil sehr fremden Gedanken zum vorgeburtlichen Seelenleben vertraut zu machen, hat Konsequenzen, denn: »Was man sich einmal vertraut gemacht hat, dafür ist man verantwortlich« (Saint-Exupéry), oder wie Dürrenmatt es in den »Physikern« sagt: »Was einmal gedacht wurde, kann nicht mehr zurückgenommen werden.« Diese beiden Zitate sprechen die Ambivalenz an, die die Entdeckung neuer Kontinente mit sich bringt.

Wir erhalten einerseits die Chance, unseren Blick um eine ganze Dimension zu erweitern, das Leben und auch unser Leben in einem neuen Licht zu sehen. Hinter dieses Denken können wir nicht mehr zurück und schon gar nicht, wenn wir es mit unseren Empfindungen verknüpfen können. Das ist ein riesiger Gewinn.

Doch sollen auch die »Risiken und Nebenwirkungen« nicht verschwiegen werden: Es setzen viele Abwehrvorgänge gegen diese fremden Gedanken ein, da sie auf ver-

schiedenen Ebenen Angst auslösen. Zum Beispiel: Stellt sich das Lehrgebäude der Psychoanalyse als ein Kartenhaus heraus, das sofort zusammenfällt, wenn Joanna Wilheim in ihrem Buch »Unterwegs zur Geburt« versucht, »eine Brücke zwischen dem Biologischen und dem Psychischen« zu schlagen, um der Psychoanalyse so ein neues Fundament zu verleihen? Oder: Werden wir »unwissenschaftlich«, verkünden wir »Toilettenparolen«, wie der Analytiker John Sonne es sich in den USA sagen lassen mußte, wenn wir diesen neuen Blick auf das Seelenleben vor der Geburt wagen?
Als größte Gefahr stellt sich mir jedoch z. Zt. die Angst vor einer Ohnmacht dar. Mit vielfältigen Versuchen soll belegt werden, daß sich auch dieser Bereich beherrschen läßt. Beim Gedanken an Kloning kommt mir der »Zauberlehrling« von Goethe in den Sinn:

Hat der alte Hexenmeister
Sich doch einmal wegbegeben!
Und nun sollen seine Geister
Auch nach meinem Willen leben.
Seine Wort und Werke
Merkt ich und den Brauch,
Und mit Geistesstärke
Tu ich Wunder auch.
Herr, die Not ist groß!
Die ich rief die Geister
Werd ich nun nicht los.

Weniger spektakulär als das Kloning ist die steigende Zahl der genetischen Tests, mit denen menschliche Erbanlagen entschlüsselt werden. Veranlagungen für Krebs, Alzheimer und viele andere Leiden lassen sich ermitteln, lange bevor die Krankheit ausbricht bzw. ehe das Kind geboren ist. Auch hier zeigt sich, daß das, was als Segen gedacht war, sich zunehmend als Fluch entpuppt, wenn Allmachtsphantasien übermächtig und das Bedürfnis nach Kontrolle zu groß wird. Ein »positives« Testergebnis, das dem Fötus eine genetisch bedingte Krankheit voraussagt, führt vielfach zu einem Abbruch der Schwangerschaft. In einer Umfrage erklärte jeder vierte Humangenetiker, als

Betroffener würde er eine Abtreibung wählen, wenn bei dem Ungeborenen eine Veranlagung zu Alzheimer festgestellt würde, obwohl die Krankheit, wenn überhaupt, in der Regel erst im Alter ausbricht (Meldung des Kölner Stadtanzeigers vom 2.1.98). Auf diese Weise soll jedes Lebensrisiko ausgeschlossen werden, paradoxerweise durch den sofortigen Tod.

Der fremde Kontinent ist zwar neu in unserem Denken, aber in mancherlei Gestalt sichtbar, wenn wir nur unsere Wahrnehmung darauf richten.

In einer Kölner Ausstellung »SIE und ER« fand sich die Darstellung eines Initiationsritus auf Neuguinea: Die jungen Männer der Asmat wurden erst dann zu einem vollwertigen Mann, wenn sie den Kopf eines Feindes erbeutet hatten. Sie legten diese Schädeltrophäe zwischen ihre Oberschenkel und brachten sich dadurch zur Welt. Erst dann konnten sie heiraten und Nachkommen zeugen. Nur ein erfolgreicher Kopfjäger galt als zeugungsfähiger Ehemann.

Ein solches Verhalten erscheint uns sehr abenteuerlich, grausam und fremd. Wir sind geneigt, es mit »Unzivilisiertheit« abzutun. Im gleichen Raum hing jedoch auch ein Foto, auf dem ein Dutzend strahlender Amerikaner vor der Atombombe, die auf Hiroshima geworfen wurde, zu sehen waren. »A fat big boy is born« ist der überlieferte Ausspruch, mit dem die Fertigstellung der Bombe begrüßt wurde.

Ein drittes Beispiel: In einigen Gegenden Japans ist es Brauch, einen sogenannten Feuerbaum für den ersten Sohn des ersten Sohnes zu errichten. Bei einem großen Fest wird dieser Feuerbaum verbrannt, wobei großer Wert darauf gelegt wird, daß er vollständig verbrennt, da es ansonsten Unglück bringt.

Das Gemeinsame ist, daß Geburt – in den drei Beispielen jeweils aus männlicher Sicht – mit Zerstörung in Verbindung gebracht wird. Es mag wie die Inszenierung der Zeugungserfahrung erscheinen, als müßte sich das Spermium vergewissern oder darstellen, daß es dasjenige ist, das sich sowohl gegen die anderen Mitbewerber als auch gegen die Abwehrbestrebungen des mütterlichen Körpers durchgesetzt und überlebt hat oder wie Jenö Raffai (1997) es mit Blick auf die Implantation beschreibt: Alle Lebenden haben ihre Lebensfähigkeit im Kampf gegen den Tod erhalten.

Das Verbrennen des Feuerbaums stellt eine sublimierte Form dieser Inszenierung dar, wie wir sie auch aus dem kindlichen Spiel kennen. Sorgfältig und mit viel Geduld wird etwas aufgebaut, was letztendlich mit großer Genugtuung vom Kind zerstört wird. Es verläßt den Schauplatz der Verwüstung als Sieger.

Doch sind Riten wie Feuerbaum, Spiel, Kritik und Wetteifern Formen, mit denen wir leben können, wo wir zeigen, daß es möglich ist, in Konkurrenz zu treten, ohne den anderen vernichten zu müssen.

Bei Mord und Krieg jedoch wird eine destruktive Seite übermächtig, deren Ursprung Joanna Wilheim im »perversen Register« ansiedelt. Mit dieser Formulierung weist sie auf jene Aspekte des Zeugungsgeschehens hin, in denen sich alle Bedrohungen und Gefahren repräsentieren. Was wäre, wenn die mütterliche Immunabwehr den Samen vernichtet, wenn der Samen auf dem Weg zur Eizelle seine Kraft verloren hätte oder von Mitbewerbern aus dem Feld geschlagen worden wäre? Das »perverse Register« in uns wurde »errichtet in einem Moment, in dem die zerstörerischen Momente zu überwiegen schienen, und nun tut es so, als hätte das Wesen sein Lebensziel nicht erreicht«. Wie Raffai vertritt Wilheim die Überzeugung, daß z.B. der Angriff der mütterlichen Immunzellen nicht spurlos verschwindet, sondern daß wir die Empfindungen der Bedrohung und der Zerstörung in uns tragen. Das »perverse Register« fordert immer wieder die Bestätigung heraus, daß der Mensch doch ein Überlebender sei, und zwingt ihn zur Wiederholung dieses Vorgangs. Hier liegt die Ursache aller Destruktivität.

Doch nicht nur von der zerstörerischen Seite der Zeugungserfahrung soll die Rede sein, sondern auch von den Erfahrungen, die geholfen haben zu überleben.

So hat sich die »Gruppe von Lissabon« mit den Grenzen des Wettbewerbs, der Globalisierung der Wirtschaft und

der Zukunft der Menschheit auseinandergesetzt. Danach besteht die wichtigste Aufgabe darin, den Übergang zu einer neuen globalen Welt ohne vernichtende Auseinandersetzungen zu meistern. Wichtigster Aspekt dieses Übergangs ist die Frage, wie die Handlungsspielräume zwischen nationalstaatlichem Eigeninteresse und dem gemeinsamen globalen Interesse genutzt werden können bzw. wie das Bedürfnis nach Identität und der Kampf ums Überleben zu vereinbaren sind. Übertragen auf das Zeugungsgeschehen, stellen sich hier die gleichen Aufgaben. Ein Spermium will an das Ziel gelangen und seinen genetischen Code an die nächste Generation weitergeben, es will sich fortpflanzen. Doch teilt es dieses Bestreben mit vielen anderen Mitbewerbern, gegen die es sich durchsetzen muß. Andererseits gelingt Zeugung immer nur als Gemeinschaftsleistung. Wurden z.B. bis vor kurzem bestimmte anders geformte Spermien als defekt angesehen, gibt es inzwischen Hinweise darauf, daß diese Samenzellen möglicherweise eine wichtige Schutzfunktion für die übrigen darstellen, die sich auf dem Weg zum Ei befinden (Flanagan). Auch was das innergesellschaftliche Konkurrenzverhalten angeht, läßt sich gegen die These, daß nur die Stärksten und Tüchtigsten ein Recht auf Überleben haben, anhand von Beispielen aus der Ökonomie zeigen, daß in vielen Fällen erst die Kooperation das Überleben ermöglicht und daher auch für selbstsüchtige Gene und Individuen die beste Strategie darstellt. Zur Bewältigung der Herausforderungen der modernen Welt sind deshalb mit Ridley keine ethisch veredelten »neuen« Menschen erforderlich, sondern gesellschaftliche Institutionen, die auf dem Prinzip der Gegenseitigkeit basieren und so unsere kooperativen Instinkte zum Vorschein bringen.
Im Bereich der Kunst schließlich wurde und wird bereits seit längerem selbstverständlich mit dem Wissen um den »fremden Kontinent« umgegangen (vgl. den Beitrag Fabricius, S. 33). Beweise in Maß und Zahl sind hier nicht vonnöten. Hier wird leichter der Intuition und der Phantasie vertraut, die – für Wilheim – Ausdruck eines zellulären Gedächtnisses ist, in dem all unsere Erlebnisse von

Anfang an aufgezeichnet sind. Oder, um es mit dem spanischen Autor Javier Marías auszudrücken: »Don Quijote ist wirklicher als jede Spanienchronik des 17. Jahrhunderts. Vielleicht ist die Fiktion die letzte Zuflucht der Erinnerung!«

Literatur

Flanagan, G., Ein Kind kommt in die Welt. München 1996.

Gruppe von Lissabon, Übergangsprobleme. In: Grenzen des Wettbewerbs. Bundeszentrale für politische Bildung. Bonn 1997.

Raffai, J., The Psychoanalysis of Somatic Sensations. The prenatal Roots of Schizophrenia. International Journal of Prenatal and Perinatal Psychology and Medicine 7 (1995), 39–42.

Ridley, M., Die Biologie der Tugend. Berlin 1997.

Wilheim, J., Unterwegs zur Geburt. Eine Brücke zwischen dem Biologischen und dem Psychischen. Heidelberg 1995.

Johannes Fabricius

Unbewußte Bildgestaltungen in der Malerei

Vorgeburtliche und geburtliche Erfahrungen

Unbewußte Bildgestaltungen von starker, symbolischer Aussage finden sich bei vielen Künstlern. Sehr oft sind solche unbewußten Bildgestaltungen mit einer Tiefenregression verbunden, die prä- und perinatale Erinnerungen aktiviert, in denen sich eine archetypische Symbolik von Tod und Wiedergeburt kristallisiert. Ein solches Muster zeigt sich in den Werken Rembrandts und Edvard Munchs, die ich im folgenden analysieren will.

Zuerst eine Überlegung zu meiner Theorie von unbewußten Bildern und Bildgestaltungen. Wenn man bedenkt, wie das Unbewußte die Seele gewöhnlich beeinflußt und wie stark die Tendenz des Unbewußten ist, sich in Bildern auszudrücken (zum Beispiel in Träumen), ist die Theorie, daß auch prä- und perinatale Erfahrungen in Bildern verborgen sind, nicht ungewöhnlich. Jede bildliche Darstellung appelliert auf besondere Weise an das Unbewußte und wird deshalb eine Reihe von Projektionen oder ›Ausstrahlungen‹ von unbewußten Bildern hervorbringen.

Zwei Einwände können bei der Theorie über unbewußte Bilder gemacht werden: Die Bilder sind zufällig, d.h. ohne Bedeutung; und: Es ist immer möglich, merkwürdige Bilder zu finden, wenn man will. Der erste Einwand entfällt nach Freuds *Zur Psychopathologie des Alltagslebens* (1901), in der er nachweist, wie eben Dinge, die wir »Zufälle« nennen, unbewußt motiviert sind. Das Vorhandensein eines unbewußten Bildes im Gemälde ist deshalb nicht zufällig. Daß dem wirklich so ist, werde ich mit meiner Analyse von den Bildern des Unbewußten und ihrer Symbolik zeigen. Der andere Einwand, daß man »unbewußte Bilder« in ein Gemälde gewissermaßen immer ›hineinsehen‹ kann, findet ebenfalls keine Bestätigung. Die unbewußten Bildgestaltungen, die hier hervorgehoben sind, betreffen die Ausformung der großen Licht- und Schattenpartien eines Bildes. Diese stellen nicht irgend etwas dar, sondern weisen fast immer auf ganz bestimmte Bilder hin.

Eine Schwierigkeit besteht darin, daß der Betrachter die unbewußten Bilder nicht unmittelbar zu sehen vermag. Es ist manchmal eine gewisse Technik vonnöten, um ein unbewußtes Bild im Bild zu entdecken. Ein unbewußtes Bild kann naturgemäß nicht bewußt gesehen werden. Das Bewußtsein des Betrachters muß herabgesetzt sein, damit die Vision oder die Traumsicht hinter einem Gemälde hervortreten kann. Man betrachte das Bild mit leicht zusammengekniffenen Augen und versetze sich in einen traumähnlichen Zustand, so als schlummere man ein. Nach einigen Minuten in diesem Zustand der Versenkung werden die verborgenen Bilder nach und nach hervortreten. Betrachtet man das Bild in der Dämmerung, wird der gleiche Prozeß in Gang gesetzt. Die bewußt gestalteten Einzelheiten des Bildes verschwinden, und die großen Konturen von Licht und Dunkel und damit die unbewußten Bildgestaltungen treten hervor.

Manchmal wird das Unbewußte seine Bilder auch umgekehrt projizieren. Die unbewußte Bildgestaltung wird erst dann sichtbar, wenn man das Bild auf den Kopf stellt. Solches Verfahren ist zulässig, da das Unbewußte oben und unten nicht unterscheidet, auch nicht Zeit und Raum. Bei schizophrenen Patienten, wo das Unbewußte die Seele stark beeinflußt, kann man bisweilen beobachten, daß Bilder auf den Kopf gestellt sind. Der normale Betrachter versteht sie erst, wenn er sie dreht.

Rembrandts »Ganymedes und der Adler«

In »Ganymedes und der Adler« (1635) hat der holländische Maler Rembrandt van Rijn (1606–1669) die antike Sage vom hübschen Ganymedes geschildert. Zeus verliebte sich so glühend in ihn, daß sein Adler den Jüngling entführte und ihn zum Gipfel des Olymps brachte.

Aus mehreren Gründen ist Rembrandts Gestaltung dieser Sage rätselhaft. Erstens hat er den Jüngling Ganymedes als kleines Kind mit verrenktem Körper gemalt. Weiter ist Ganymedes' Gesicht intensiv von einem traumatischen Angstgefühl verzogen, und er uriniert vor Schreck. Das Ergebnis der Verwandlung: Der Mundschenk der Götter wird in diesem Bild zum schreienden Kind mit häßlich verrenktem Gesicht und Körper. Alle Kunsthistoriker sind sich einig, daß Rembrandt hier einen Ganymedes porträtiert hat, den Zeus niemals gewählt hätte.
Die merkwürdige Gestaltung der Ganymedes-Figur, die kein Kunsthistoriker überzeugend erklärt hat, wird vielleicht durch einen Hinweis auf Rembrandts Biographie

verständlicher. 1635, im Alter von etwa 30 Jahren, hatte Rembrandt eine künstlerische Entwicklung und eine unbewußte Tiefenregression durchlaufen, die das Trauma der Geburt aktiviert hatte, deren dynamische Muster in den unbewußten Bildern spürbar sind, die der Künstler in seine Werke dieser Periode hineinprojiziert hat.
Ganymedes´ hochgezogener Rock ist wie die großen und kleinen Schamlippen geformt, aus welchen sein Unterkörper herausfällt. Und er uriniert aus Angst, wie Kinder bei ihrer Geburt urinieren. Da, wo die großen und kleinen Schamlippen oben zusammengehen, ist das Gewand auf merkwürdige Weise als Zipfel geformt, der die Klitoris mit seinem charakteristischen Kopf reproduziert. Unmittelbar links davon ist Rembrandts Namenszug.
Der Kopf des Kindes befindet sich in Höhe des schwarz befiederten Unterleibs des Vogels, der die Gebärmutter symbolisieren könnte, gegen deren höhlenartige Wände das Kind seine rechte Hand stemmt. Die wehende Quaste innen kann als Nabelschnur-Symbol ausgelegt werden. Ebenso könnten die Kirschen in der linken Hand des Jungen Perlen oder ovulierende Eier symbolisieren. Sogar die beiden Eileiter gehen in Rembrandts intrauterine, unbewußte Bildgestaltung ein: Sie verlaufen formgerecht in den erhobenen Schwingen des Adlers. Rembrandts spontan entworfene Skizze zu »Ganymedes und der Adler« (S. 37) verrät die latenten Geburts-Phantasien hinter diesem Gemälde.
Die Skizze zeigt ebenso wie das Gemälde einen Geburts- und Erlösungsakt, aber sie enthält noch ein Bildelement, das Rembrandt in seinem fertigen Bild ausgelassen hat. In der linken Ecke treten zwei Figuren auf, die vermutlich den Vater darstellen sollen, der mit seiner Armbrust nach dem Adler zielt, während die Mutter vor Entsetzen schreit. Die Skizze ist ambivalent und könnte ebensogut eine Geburtsszene wiedergeben: die Mutter, die im Bett liegt, und die Hebamme, die ihr hilft.
Ein Jahr nach »Ganymedes und der Adler« schuf Rembrandt in »Danae und der Goldschauer« die lebensgroße Aktstudie einer Frau (S. 38). Die griechische Sage drückt eine Befruchtungssymbolik aus, indem Zeus im Mythos Da-

nae umschlingt und sie in Gestalt eines Goldregens schwängert. Rembrandts Gemälde zeigt diesen geheimnisvollen Augenblick, der von einer männlichen Gestalt bezeugt wird. Die meisten Kunsthistoriker halten ihn für den Geliebten der Frau. Der Mann ähnelt aber Rembrandt und steht unmittelbar vor der weichen Öffnung zum Himmelbett der Frau, das als schwarze Höhle oder Hohlraum umgeben von Teppichen und Polstern dargestellt ist.
Diese Uterus-Symbolik wird außerdem durch die Tatsache bestätigt, daß der Gesichtsausdruck der Danae Rembrandts junge Mutter darstellt. Die Frauengestalt symbolisiert die Mutter und der umliegende Schauplatz die mütterliche Höhle, den Uterus oder den Ort der Wieder-

geburt. Der kleine Liebesgott (Amorette), der über Danaes Haupt schwebt, tritt als ein weiteres Wiedergeburtssymbol auf, um so mehr, als sein Gesicht dem des Ganymedes-Kindes ähnelt und es vom gleichen Ausdruck der geburtstraumatischen Angst beherrscht wird.

Edvard Munchs »Der Schrei«

Das Bild »Der Schrei« (1893; siehe S. 39) des norwegischen Malers Edvard Munch (1863–1944) schildert durch seine unbewußte Bildgestaltung die Urangst der Geburt. Die Hauptperson des Bildes, deren Kopf wie ein Totenschädel geformt ist, wird durch zwei Handflächen, gemalt wie ein Kanal oder eine Öffnung mit verunstaltender Wirkung, zusammengepreßt. Der schreiende Schädel wird umflutet von einem Fluß aus Feuer und blutrotem Wasser, und der Fluß ist wie eine Sturmflut gemalt, die die Brücke

– das trockene, feste und erlösende Element – zu verschlingen droht. Die beiden schwarzgekleideten Männergestalten am Ende der Brücke verstärken die Atmosphäre von geheimnisvoller Angst, die von diesem Bild ausgeht. Die geburtstraumatische Symbolik hinter Munchs Bild »Der Schrei« spürt man weiter in der Formgebung der Fjordlandschaft im Bildhintergrund. Der Fjord erscheint wie eine Öffnung der Vagina, mit Klitoris (oder Penis) gestaltet in der Form der vorspringenden Landzunge. Der Himmel unterstreicht diesen sexuellen Hintergrund mit

seinen roten, lippenartigen Streifen über einem sanft wie Brüste geformten Horizont.
Edvard Munch hat das plötzliche und merkwürdige Erlebnis, das ihn zum Malen des »Schreis« anregte, in seinem Tagebuch niedergelegt: »Ich schritt fort des Wegs mit zwei Freunden – da ging die Sonne unter. Der Himmel wurde plötzlich rot – (und ich fühlte einen Hauch von Wehmut – einen saugenden Schmerz unterm Herzen). Ich blieb stehen, lehnte mich sterbensmüde an den Zaun; – überm blauschwarzen Fjord und der Stadt lagen Blut und Feuerzungen. Meine Freunde gingen weiter, und ich blieb zurück, zitternd vor Angst – und ich fühlte einen großen, unendlichen Schrei durch die Natur gehen.«
Nach dem Geburts-»Schrei« Munchs entstehen in den nächsten Jahren seines Schaffens eine Reihe von Bildern mit ebenso charakteristischen Motiven. Eines dieser Motive ist die symbiotische Vereinigung von Mann und Frau, am klarsten ausgedrückt im »Kuß«, in dem die Köpfe der Liebenden zu einem Kopf verschmelzen.

Ein ganz ähnliches Motiv findet sich in der »Salome-Paraphrase« (1898). In diesem Bild erscheint der Kopf eines Mannes in einer symbolischen Vagina – eine Wiedergeburtsphantasie.

Gebärmutter-Phantasien kommen in Munchs Bild »Madonna« zum Ausdruck (1893/1894; S. 42). Hier ist die Frau von schwimmenden Spermatozoen und in sich zurückgezogenen Foeten umgeben, von denen sie sich abwendet.

Im Schaffen großer Künstler wie Rembrandt, Munch, Vincent van Gogh oder Salvador Dalí sind archetypische Erlebnisse und Erfahrungen festgehalten. Psychologisch gesehen haben diese Künstler die Schwelle zu ihren, unbewußten vorgeburtlichen und geburtlichen Erinnerungen

ohne therapeutische Hilfe überschritten. Ihre Bilder sprechen vom Tod, von Todesängsten und Rettung in Wiedergeburtsphantasien. Es sind Bilder, wie sie auch von Klienten im schützenden Raum einer Therapie entwickelt werden können (vgl. die Beiträge Evertz, S. 128 und Reinert, S. 112).

Literatur

Freud, S., Eine Kindheitserinnerung des Leonardo da Vinci. 1913. In: Gesammelte Werke, Band VIII. Frankfurt am Main.
Pfister, O., Kryptolalie, Kryptographie und unbewußtes Vexierbild bei Normalen. Jahrbuch für psychoanalytische und psychopathologische Forschungen, Bd. V. 1913.

II. Beiträge von Betroffenen

Helga Levend

Ich wollte mein Kind nicht haben

Angelika W., 44 Jahre
Ein Gesprächsprotokoll

Ob ich ein erwünschtes Kind war oder nicht, diese Frage habe ich mir so etwa mit Mitte Zwanzig gestellt. Mein Sohn, mein erstes und einziges Kind, war vor einigen Jahren im Alter von neun Monaten gestorben. Aber nicht einmal sein Tod veranlaßte mich, über mein Leben oder meine Kindheit nachzudenken. Es war mein Körper, der ein Jahr später auf den Verlust meines Kindes reagierte. Ich bekam wahnsinnige Rückenschmerzen, die wohl etwas mit meinem Unterleib zu tun hatten, denn gleichzeitig hatte ich einen starken Ausfluß. Jeden Morgen, beim Aufstehen, lief mir die weiße Brühe an den Beinen herunter. Mein Frauenarzt ahnte schon damals mehr über mich als ich. Er schrieb mir die Überweisung für eine psychosomatische Klinik aus. Manchmal denke ich, mit diesen ersten therapeutischen Gesprächen begann mein Leben. Vorher hatte ich nur irgendwie vegetiert, ohne jedes Gefühl für mich selbst. Das mag jetzt übertrieben klingen, doch so sehe ich es heute.

Über zehn Jahre sind dann noch einmal vergangen, ehe ich meine Mutter zu fragen wagte: War ich ein erwünschtes Kind oder nicht? So direkt habe ich ihr die Frage natürlich nicht gestellt. Ich habe versucht, diplomatisch zu fragen. Ich wollte meine Mutter ja nicht verletzen oder mit meinen Fragen zurückstoßen, geschweige denn, sie verurteilen. Ich wollte es nur wissen für mich. So habe ich ihr gesagt, also in der Zeit und mit dem Mann hätte ich bestimmt kein fünftes Kind gewollt. Inzwischen konnte ich mir nicht nur durch mein Wissen über die Zeit und die gesellschaftlichen Gegebenheiten – ich wurde 1946 geboren – viel zusammenreimen. Ein gewünschtes Kind war ich bestimmt nicht. Wichtiger für unsere Gespräche und meine Fragen war, daß ich mit meiner Mutter mitfühlen konnte, nicht mehr wie ein Kind mit der Mutter fühlt, sondern wie eine erwachsene Frau, die selbst ein ungewolltes Kind geboren hat und sich das eingestehen kann. Meine Mutter begann sehr zögerlich zu erzählen. Ich bin sicher, es war eine Erleichterung für sie, auch wenn es ihr schwerfiel zu sprechen. Unser Verhältnis wurde danach viel entspannter. Und für mich eröffneten diese Gespräche eine neue Sichtweise auf meine Kindheit und auf die komplizierte Ehe meiner Eltern. Hatte ich bis dahin die Ursache meiner Lebensprobleme, meine Schwierigkeiten, so etwas wie emotionale und körperliche Nähe zu Männern zuzulassen, sie auch zu genießen, eher auf das Verhältnis zu meinem Vater zurückgeführt, weil ich ihn so sehr geliebt habe, mich von ihm wiedergeliebt fühlte, so konnte ich jetzt meine Mutter und meinen Vater in einem ganz neuen Licht sehen. Aber es fällt mir jetzt noch schwer zu sagen: Es war meine Mutter, die mein Leben behindert hat. Von ihren fünf Kindern war ich das letztgeborene Kind in ihrer zweiten Ehe. Ein Junge und ein Mädchen stammten aus ihrer ersten Ehe. Als meine Eltern heirateten, war mein Vater 50 und meine Mutter 35 Jahre. Mein Vater war sehr stolz auf seine drei Kinder, weil er in erster Ehe keine Kinder hatte. Zuerst wurde ihm ein Sohn geboren, der Prinz. Dann kamen noch zwei Kinder, meine Schwester und ich. Im nachhinein glaube ich, daß mein Vater seine Stiefkinder nicht so gut behandelte wie uns, seine richtigen Kinder, obwohl er sicher gerecht zu sein versuchte. Mein Vater war ein komplizierter Mensch, Komponist von Beruf, eine Künstlernatur, innerlich sehr zerrissen. Auf der einen Seite wollte er ein normales bürgerliches Leben führen, Verantwortung für alle Kinder übernehmen, auf der anderen Seite lebte er für das Theater, die Musik. Er hat hauptsächlich Bühnenmusik, Opern, Kammermusikwerke, auch Zwölftonmusik geschrieben, die er selbst dirigierte. Er mußte am Abend immer bei den Aufführungen dabeisein. Nur berühmt wurde er nicht. Darunter hat er sicherlich gelitten. Diese Konstellation, bürgerliches Leben, Familienverantwortlichkeit und Künstlerdasein, war

halt schwer zu leben. Er versuchte, mit Alkohol über die Runden zu kommen.
Für meine Mutter war es ebenfalls nicht einfach, dieses Leben mit meinem Vater zu teilen, für vier Kinder zu sorgen, den Haushalt zu führen. Als sie dann auch noch mit mir schwanger war, riet ihr ihre Mutter zu den damals hausüblichen Abtreibungsversuchen. Mit Rotwein und heißen Bädern hat sie versucht, mich loszuwerden. Mein Vater wußte nichts davon. Er war stolz auf jedes Kind, auf seine Zeugungskraft. Meine Mutter dagegen hat sich geschämt, schon wieder schwanger zu sein. Sie hatte ganz schlimme Träume in dieser Zeit, ich würde als Mißgeburt auf die Weilt kommen. Sie sah mich in ihren Träumen als Kind mit drei Augen.
Gleich nach meiner Geburt wurde meine Mutter sehr krank. Eine Unterleibs-Sepsis. Ich wurde weggeschickt, kam in ein Waisenhaus, in dem ihre Schwester als Nonne arbeitete. Auch später – so mit zwei, drei vielleicht auch mit vier Jahren – wurde ich noch sehr oft dahin geschickt. Mutti kränkelte immer häufiger. Es wurde ihr wohl alles zuviel. In diesem Waisenhaus ging es sehr streng zu. Ich wurde geschlagen. Alle Kinder wurden dort geschlagen. Beim Einschlafen habe ich mir als Kind immer die Bettdecke ganz fest über den Kopf gezogen, auch wenn ich wieder zu Hause war. Ich wußte ja nie, wer da ans Bett kam.
Als das jüngste Kind meiner Mutter war ich auch ihr größtes Problemkind. Sie konnte nicht mehr, hatte keine Kraft mehr. Und ich selbst habe ihr das Leben mit mir sicher nicht einfach gemacht. Noch bevor ich meine Mutter indirekt gefragt habe, war ich ein erwünschtes Kind oder nicht, also wenn mal in unserer Familie ein bißchen in die Vergangenheit geblickt wurde, dann erzählte meine Mutter immer ganz begeistert von meiner älteren Schwester, was für ein strahlendes, molliges Baby und Kind sie damals war, rundum ein Sonnenschein, trotz der schlechten Zeiten, trotz der Ernährungsnot. Und ich wurde von ihr beschrieben als die welke Blume, mit krummem, kraftlosem Rücken, hängendem Köpfchen, ein Kind, das nicht so

richtig gedeihen wollte, keine Reaktionen zeigte, nicht fähig war zu irgend etwas, ganz spät das Sprechen und das Laufen lernte. Eben ein Spätentwickler.
Auf die Ablehnung meiner Mutter habe ich als Kind lange Zeit mit dem Darm reagiert, mit meinen körperlichen Ausscheidungen habe ich um die Liebe meiner Mutter gebuhlt. Ich hatte ständig Durchfall, konnte meinen Stuhl nicht kontrollieren. So hat es meine Mutter gesehen. Meine Mutter war verständlicherweise sehr verärgert über die dünnflüssige Erbsensuppe, die ich noch mit fünf Jahren produzierte. Zusätzliche Arbeit für sie. Ständig mußte sie meine Wäsche wechseln und waschen. Die bekannte Theorie, als Baby wird man gelobt, wenn man etwas macht, es ist unser Geschenk an die Mutter, weil sie ja zuständig ist für alle körperlichen Belange des Kindes. Die lobt dich, wenn du da was in die Windeln oder ins Töpfchen machst. Und es ist ein Geschenk. Ich wollte meiner Mutter etwas schenken. So meine Interpretation, die ich in vielen Therapiestunden und durch mein Studium gelernt habe. Irgendwann als Kind habe ich geahnt, es hat keinen Sinn. Von da ab habe ich nichts mehr hergegeben von mir. So im Alter von sechs Jahren hatte ich ständig Verstopfung. Ich saß auf der Toilette, meine Mutter kniete vor mir, hat mir den Bauch gerieben, hatte Seifenstückchen in der Hand, hat sie mir in den Po getrieben, was weh tat und entsetzlich brannte. Trotzdem, ich gab nichts mehr freiwillig her. Ich muß wohl sehr früh eine hohe Mauer um mich herum aufgebaut haben, eine Mauer, die mich vor Verletzungen und Abweisung schützte, eine Mauer, die mich vor meiner Wut und meinem Haß auf die Mutter schützte. Liebevoll ist sie nie mit mir umgegangen. Ich war ihr nur eine Last und bekam es täglich zu spüren. Meine Geschwister hatten es da sicher auch nicht viel besser als ich. Muttis Aufmerksamkeit für uns war Arbeit für sie. Ihre Zuwendungen drehten sich um die Körperpflege, das Essen, die Kleidung. Adrett und ordentlich hatten wir auszusehen. Damals gab es noch diese einknöpfbaren weißen Kragen, und wenn sie mir den Kragen am Hals bzw. am Pullover oder Kleid befestigte, dann tat sie es mit harten,

ungeduldigen Händen. Alles, was sie tat, geschah nervös, niemals liebevoll. Wenn meine Zöpfe geflochten wurden, waren ihre Hände feucht vom Spülen oder Waschen, die Zöpfe quietschten. Sie zerrte und ziepte an meinen langen Haaren. Es schmerzte, und sie hat die Zöpfe so fest geflochten, daß die ganze Kopfhaut weh tat und spannte.
In meiner Kindheit habe ich mich zur Tagträumerin entwickelt. Vor der Wirklichkeit habe ich mich gefürchtet und bin vor ihr geflüchtet. Die fehlende Liebe meiner Mutter suchte ich in meinen Träumen bei einem Mann. Seine Liebe würde mich erlösen, mich endlich aufheben in Geborgenheit. Erst so mit 25 Jahren – mit Beginn der Therapie – fand ich den Zugang zu mir, stellten sich die Fragen: Wer bin ich? Was will ich? Merkwürdigerweise habe ich in den ersten Jahren der Therapie die Mutter idealisiert, habe allen begeistert von ihr erzählt und ließ kaum Kritik an ihr zu. Den Vater habe ich erst nach und nach erkannt. Gewiß, er war ein Mensch mit starken Schwächen. Doch war er ehrlicher als die Mutter. Wenn er sich mir zugewandt hat, war das aufrichtig, er war dann wirklich da für mich. Er konnte zuhören. Mutter konnte es nicht.
Mit 21 Jahren wurde ich schwanger. Mein Gott, diese entsetzliche Schande, diese Scham, die ich empfand, vor meinen Eltern, vor meinen Geschwistern, vor meinem Freund, vor meiner Chefin. Ich arbeitete als Verkäuferin in einem Modegeschäft. Meine Chefin war ein Biest, und das Klima in diesem Geschäft war ausgesprochen kalt. Ohnehin ging ich jeden Tag mit Angst im Bauch zur Arbeit. Und jetzt auch noch das: Ich muß ihr beichten, ich bin in anderen Umständen. Mit einem riesigen Blumenstrauß kam ich zu ihr. Sie hat ganz anders reagiert als erwartet, hat mir die Wange getätschelt und gesagt, es wäre ganz unnatürlich, wenn ein so hübsches junges Ding nicht schwanger wird. Die Hürde, meinen Eltern alles zu gestehen, die hatte ich schon vorher genommen. Es war vollkommen klar für beide: Du mußte den Mann heiraten, etwas anderes kommt gar nicht in Frage. Was ich nicht wußte, während meiner eigenen Schwangerschaft, als Muttis erstes Kind von meinem Vater unterwegs war, war

sie noch mit dem Mann ihrer ersten beiden Kinder verheiratet. So ganz erwünscht von meiner Mutter kann also der Prinz meines Vaters auch nicht gewesen sein.
Meine eigene Schwangerschaft war nicht gewollt. Ich bin halt schwanger geworden, und das Kind habe ich mir nicht gewünscht. Das heißt, es war mir nicht einmal so klar jetzt, dieser Gedanke, ich will das Kind nicht. An Abtreibung habe ich nicht gedacht, wäre auch schwierig gewesen in jener Zeit. Ich war damals nicht fähig, mich zu fragen, geht es dir gut oder schlecht mit dieser Gewißheit, schwanger zu sein. Nachträglich denke ich, die Gewißheit, schwanger zu sein, stand für mich in keinem Zusammenhang, einen werdenden Menschen in mir zu tragen, ein Kind zu gebären. Diese Gedankenverbindung gab es nicht für mich. Ich konnte sie nicht herstellen, nicht mit meinem Intellekt, geschweige denn mit einem Gefühl in mir. Ich konnte es einfach nicht. Eigene Bedürfnisse in meiner Kindheit wahrzunehmen war ja für mich verboten. Auch mit zwanzig Jahren war ich nicht fähig, nach meinen Bedürfnissen zu fragen. Niemand hat mich in meiner Kindheit dazu ermutigt, auch mein Vater nicht, höchstens indirekt. Unbewußt muß ich es gespürt haben: Ich will kein Kind haben. Wehren konnte ich mich dagegen nicht. Ich war eine Schachfigur im Gesellschafts- und Familienspiel der anderen. Wenn man mir sagte, gehe rechts, dann bin ich halt rechts gegangen. Wenn man mir sagte, gehe links, dann bin ich halt links gegangen. Ich war ganz dumpf in mir. Ich wußte nichts, vor allem nichts über mich selbst und meine Gefühle, die waren verschüttet.
Die Liebesbeziehung zu meinem Freund und späteren Mann habe ich nicht schön empfunden. Wie hätte ich sie schön finden können in meinem damaligen Nichtsein? Mein Mann war lieb und nett, ja. Ich könnte auch heute nichts Nachteiliges über ihn sagen. Ich mochte ihn, mehr war da nicht bei mir. Ich war nicht verliebt in ihn. Er fand mich schön. Nur, ich fühlte mich nicht geliebt von ihm, konnte ich gar nicht, weil ich mich selbst nicht liebte, keine Achtung vor mir empfand. Wie kannst du dich geliebt fühlen, wenn du dich selbst nicht liebst? Ich wußte nichts

über ihn, und er wußte nichts über mich. Dadurch, daß ich mich selbst nicht kannte, konnte er mich nicht erkennen. Aber das war wohl mein heimlicher Wunsch, endlich von einem anderen Menschen erkannt zu werden. Tun konnte ich dazu nichts. Ich habe alles passiv über mich ergehen lassen, meine Defloration, die körperliche Liebe, die Heirat, die Geburt meines Kindes. Ja, sogar den langen Krankenhausaufenthalt und den Tod meines Kindes habe ich passiv erduldet.

Am Tag meiner Hochzeit habe ich furchtbar geweint. Ich lag meiner Mutter um den Hals und weinte. Sie ist nicht auf die Idee gekommen, daß ich mit diesem Mann nicht leben will. Daß ich unglücklich war, daß ich diesen Mann nicht liebte. Sie hat es nicht wahrnehmen wollen. Und ich fühlte mich gefangen wie ein Vogel. Ich war schwanger und konnte da nicht raus. Ich wußte nicht, wohin, andererseits hätte ich es auch nicht zugelassen, wenn meine Mutter gesagt hätte: Komm, Kind, bleib zu Hause. Nein, das hätte ich bestimmt nicht gewollt. Die Krönung dieses Tages war die Hochzeitsnacht. Wir haben sie in dem möblierten Zimmer meines Mannes verbracht. Ich fand alles nur demütigend, erniedrigend. Damals hätte ich das so nicht sagen können. Ich habe es wahrscheinlich nicht einmal so genau gefühlt. Ein möbliertes Zimmer, dieser fremde Geruch darin. Das schmale Bett, die schäbigen, geschmacklosen Möbel, keine frische Bettwäsche. Ich fand es nur peinlich und beschämend, wie wir da zusammenlagen in diesem Bett, Kopf bei Fuß. Mein Mann mit dem Kopf am oberen Rand des Bettes und ich mit dem Kopf am unteren Rand. Es war nicht gut. Ich wußte es. Aber ich hatte jedes Gefühl in mir ausgelöscht.

Meinem Mann bin ich mit meiner Schwangerschaft beruflich in die Quere gekommen. Er war Bankkaufmann und wollte noch ein Studium beginnen. Und den Wunsch hat er dann aus Pflichtgefühl aufgegeben. Ich selbst hatte keine beruflichen Lebenspläne. Ich habe mich nur wieder in meine Tagträume von einer heilen Liebe geflüchtet, bis zum Exzeß. Es war wie eine Sucht. Ich konnte es nicht lassen, meine kitschigen Fortsetzungsromane von Liebe zu träumen. Die Träume waren total. Eine wahnsinnige Vorstellungskraft habe ich dabei entwickelt, die so weit ging, daß ich alles richtig körperlich spürte, was ich träumte. Ohne meine Träume hätte ich die Ehe nicht ausgehalten.

An meine Schwangerschaft habe ich kaum Erinnerungen. Ich weiß nur, in den ersten Monaten ging es mir körperlich gut. Ich mußte mich nicht erbrechen, bekam auch keine Atemnot, wenn mein Mann und ich ins Kino oder in eine Kneipe gingen. Ich bemerkte das Kind, das da in mir wuchs, nicht. Ich schenkte ihm keine Aufmerksamkeit. Und so war es auch bei meinem Mann. Wir interessierten uns beide nicht für das Kind. Wir haben kein Wort darüber verloren: Ach, fühl mal, jetzt bewegt es sich, da ist sein Füßchen oder so. Er hat nie die Hand auf meinen Bauch gelegt. Gelitten habe ich erst, als mein Bauch in den letzten Monaten der Schwangerschaft immer dicker wurde. Ich habe gelitten an der körperlichen Last, die mich ziemlich bewegungsunfähig machte, an meiner Unförmigkeit, weil ich mich so häßlich gesehen habe. Ich denke, mein Mann hat meinen dicken Bauch auch nicht gemocht. Er kannte mich bis dahin ja nur als superschlanke Frau. Aber während der Schwangerschaft hatte ich immer ein hübsches Gesicht. Man hätte davon ausgehen können, daß ich eine glückliche werdende Mutter bin. Ich war es nicht. Das Leben war nur eine Last, ohne jede Freude. Ich kann mich nicht erinnern, jemals gelacht zu haben. Alles war dunkel um mich. Ich hatte Angst vor der Geburt. Ich hatte Angst vor dem Kind.

Die Geburt meines Sohnes war eine Katastrophe, Er wollte nicht auf die Welt kommen, und ich wollte ihn nicht auf die Welt bringen, konnte ihn nicht loslassen, so kann ich es mir heute erklären. Der Geburtstermin war schon längst überschritten. Ich lag in der Klinik, um mich herum wurden laufend Kinder geboren, und ich lag zwei Tage einfach nur da mit qualvollen Rückenschmerzen und wartete, sonst tat sich gar nichts. Dann habe ich meinen Mann beauftragt, mit einem Arzt zu sprechen. Er sollte die Rolle meines Vaters übernehmen. Also – wenn schon ein Machtwort gesprochen wird, dann macht das der Mann in Ab-

wesenheit der Frau. Nach diesem Gespräch wurden bei mir die Wehen künstlich eingeleitet. Und dann haben die Ärzte noch was mit mir gemacht. Frag mich nicht, was. Ich weiß es nicht mehr. Wahrscheinlich mußte die Frucht in mir rumgedreht werden. Irgendwas Schreckliches haben sie mit mir gemacht. Ich weiß es bis heute nicht, und die Ärzte haben auch nichts gesagt. Die haben nur gesagt, daß es jetzt ein bißchen schmerzhaft für mich sein wird, und danach haben sie herumgefuhrwerkt in mir. Ich konnte ja auch gar nichts fragen, zum Beispiel, ob das Kind mit dem Köpfchen zur Welt kommt oder ob es eine Steißgeburt wird. Ich wußte ja auch gar nichts über diesen kleinen, wichtigen Unterschied, daß eine Steißgeburt für Mutter und Kind ganz furchtbar sein kann.
Sehr viel später habe ich mir meine Theorie zurechtgelegt. Das Kind war herzkrank, bevor es auf die Welt kam, und deshalb konnte es auch bei seiner Geburt nicht mitarbeiten, deswegen hat die Geburt so lange gedauert. Aber damals wußte ich überhaupt nichts davon, daß die Kinder selbst ihre Geburt mit initiieren. Als die Wehen anfingen, wußte ich nicht einmal, so, das sind jetzt die Wehen. Die kamen in großen Abständen, und ich habe nur über Schmerzen geklagt. Als dann am nächsten Tag der Schleimpfropf abging, die Fruchtblase platzte, wußte ich immer noch nicht, was los war. Ich habe der Schwester nur sagen können, da ist etwas in meinem Höschen. Danach kam ich sofort in den Kreißsaal. Zuerst kamen die Wehen in großen Abständen. Dann wurden die Abstände immer kürzer, alle zwei Minuten. Das vierundzwanzig Stunden hintereinander. Anstatt zu stöhnen, zu schreien, zu atmen, habe ich mir auf die Lippen gebissen. Ich habe ununterbrochen meine Unterlippe zerbissen. Einmal haben sie mir eine Spritze gegeben in den Muttermund. Danach war ich etwa eine Stunde schmerzfrei, hab die Wehen nicht mehr gespürt. Als mein Sohn dann endlich auf der Welt war, habe ich gar nicht nach ihm gefragt. Ob es ein Junge oder ein Mädchen ist, es war mir völlig egal. Auch nach der Geburt war das Kind für mich ein Neutrum, ein Baby allenfalls. Ich war nicht froh, daß es da war, ich war nur froh, daß

endlich alles überstanden war, ich keine Schmerzen mehr hatte. Das Kind lag irgendwo in einem Bettchen mit mir im Zimmer. Es war mir egal. Die Ärzte kamen ziemlich schnell nach der Geburt an mein Bett, so mit pfriemelnden Händen, einer hatte die Hände hinter seinem Rücken versteckt, sehr verlegen. Sie haben mir nicht gratuliert zur Geburt meines Sohnes. Ich hab mich nicht darüber gewundert. Dann haben sie etwas über den Herzfehler des Kindes gemurmelt. Es war mir egal. Das mag unmenschlich klingen. Ich fühlte nur eine grausame Leere in mir. Wenn ich etwas gefühlt habe, dann diesen Gedanken: Ich habe überlebt. Auch Stunden später, als man mir dieses Bündelchen Kind in den Arm legte, regte sich nicht der winzigste Funke von Glück in mir. Ich fühlte schmerzhaft meine zerbissene Lippe und sonst nichts.
Mein Sohn kam auf die Intensivstation. Und ich mußte dann auch länger als üblich im Krankenhaus bleiben. Man hatte einen Dammschnitt bei mir gemacht, und der heilte nicht. Ich habe das gar nicht richtig wahrgenommen, wußte ja auch nichts von diesem Dammschnitt. Ich war so naiv. Klar, wenn ich aufs Klo ging, um Pipi zu machen, merkte ich, da hängt irgendwas an mir herunter. Ich dachte, das ist der Rest der Nabelschnur, das geht schon weg. Weder der Krankenschwester noch dem Arzt habe ich etwas gesagt. Die haben mich nur länger im Krankenhaus behalten, weil ich ein bißchen fieberte. Während ich im Krankenhaus lag, habe ich meinen Sohn gestillt. Und dann haben sie mich irgendwann da unten angeguckt, eine Routineuntersuchung, Beine breit, und haben festgestellt, ach, du meine Güte, der Dammschnitt ist ja gar nicht verheilt. Also haben sie mich halt noch mal behandelt. Und ich dachte, das ist ja kein Wunder. Bei dir läuft gar nichts normal.
Als ich dann endlich mit meinem Sohn fünf Wochen nach seiner Geburt zu Hause war, habe ich Oliver nicht mehr gestillt, die Milch war versiegt. Mein Mann und ich hatten inzwischen eine schöne, möblierte Wohnung gefunden. Ich konzentrierte mich auf den Haushalt: Putzen und Kochen, Oliver im Kinderwagen auf den Spielplatz oder in

den Park schieben. Morgens habe ich mir schon sorgfältig überlegt, welches Gericht ich meinem Mann am Abend zum Essen servieren werde. Wir haben die übliche Rollenaufteilung gelebt. Der Mann muß hinaus ins feindliche Leben, und drinnen waltet die Hausfrau. Also, mein Mann hat brav seine Pflicht erfüllt, Geld für die Familie zu verdienen. Und ich habe Hausfrau und Mutter gespielt. Eigentlich hätte ich zufrieden sein können, doch es ging mir nicht gut. Ich hätte nicht sagen können, warum. Unglücklich war ich nicht. Ich fühlte mich innerlich nur vollkommen leer. Tagsüber habe ich Kreuzworträtsel gelöst, und abends war Fernsehen angesagt. Da hockten mein Mann und ich halt vor der Glotze. Oliver wurde mit seinem Körbchen ins Badezimmer abgeschoben. Wir hatten nur zwei Zimmer. Gedanken darüber, daß Oliver sich verlassen vorkommen könnte, haben wir uns nicht gemacht.
Ich kann mich nicht erinnern, daß ich mich auf irgend etwas gefreut habe in diesen Monaten. Ich hatte überhaupt keine Interessen. Heute würde ich sagen, das waren schon starke Zeichen einer Depression, doch das Wort fehlte in meinem Vokabular und in meinen Gedanken. Und dann noch die Bettszenen. Schrecklich. Ich hatte nicht die geringste Lust, mit meinem Mann zu schlafen. An seinen Augen merkte ich es, wenn es für ihn mal wieder an der Zeit war. Jedesmal vorher putzte er sich gründlich die Zähne, was er sonst nicht tat. Und ich begann am ganzen Leib zu zittern. Ich wollte nicht mit ihm schlafen, dachte aber, du kannst dich ja nicht jedesmal mit Müdigkeit und Kopfschmerzen entschuldigen und entziehen, von wegen ehelicher Pflichten. Ich hielt mich ja selbst für unnormal, weil ich absolut nicht die geringste Lust auf Sex verspürte. Mein Sohn schlief in den ersten Monaten nach seiner Geburt sehr viel, wie alle ganz kleinen Kinder, vielleicht sogar noch etwas mehr. Arbeit hatte ich kaum mit ihm. Zweimal in der Woche mußte ich mit ihm zum Arzt, wegen des Herzfehlers. Doch er entwickelte sich sehr gut, nur daß er etwas kurzatmig war. Das kleine zerbrechliche Bündel aus Haut und Knochen nahm langsam Gestalt an. Seine kleinen Schenkel und Ärmchen wurden runder. Und

ich sah, daß er eine wunderschöne Kopfform hatte. Wenn er wach war, strampelte er mit seinen Beinchen. Aber es war ein ungewolltes Kind, mit einem Herzfehler. Was machst du da? Ich hatte Angst vor diesem Kind, Angst, an sein Bettchen zu gehen, wenn ich den leisesten Laut von ihm hörte, obwohl es keine äußeren Anzeichen gab, über die ich mir hätte große Sorgen machen müssen. Oliver hat gut gegessen, sein Köpfchen bewegt, sich gefreut und gelacht, wenn ich zu ihm kam. Ich aber hatte Angst vor mir, Angst, meiner Aufgabe als Mutter nicht zu genügen. Ich habe alle möglichen Ängste entwickelt, nur Angst um das Kind, um sein Leben, hatte ich nicht. Manchmal gab es in diesen wenigen Monaten, die wir gemeinsam verbringen konnten, sehr innige Phasen zwischen uns, Phasen, in denen ich meine Angst vergessen habe, meinen Sohn einfach lieben konnte. Es war schön für mich, wenn ich sah, wie er mich mit seinem zahnlosen Mäulchen anlächelte, mich erkannte, da kannst du ein Kind nur liebhaben. Ich bin dann in eine richtige Power-Stimmung geraten, habe Popmusik angestellt oder die Rolling Stones und habe ganz wild nach dieser Musik getanzt. Oliver lag auf einer Decke mitten in unserem großen Wohnzimmer, verfolgte mich mit seinen Augen und lachte. Ich habe ihn auch immer wieder angesehen. Es war unheimlich schön. Aber ich weiß nicht, ob ihm diese verrückte Mutter, die sich da total austanzen mußte, gutgetan hat. – Ich weiß es erst nachträglich, Oliver war ein ungewolltes Kind von mir und seinem Vater. Aber ich habe nie bewußte gedacht: Mensch, Oliver, du bist nicht erwünscht von mir.
Ich will Olivers Vater nachträglich keinen Vorwurf machen. Letztlich aber bleiben solche Gedanken nicht aus, sie kommen und gehen im Leben. Hätte mein Mann mich damals mehr unterstützt als Frau und Mutter, vielleicht hätte unser Sohn nicht sterben müssen. Vielleicht war alles auch gut so, wie es gekommen ist. Keiner von uns, weder mein Mann noch ich, waren auf unsere Elternschaft vorbereitet. Wir waren jeder für sich und mit uns selbst nicht im reinen.
Als Oliver mit vier Monaten in die Universitätsklinik nach

Frankfurt mußte, stand ich im Grunde ganz alleine da. Ich konnte es mir nicht leisten, in Frankfurt ein Zimmer zu mieten. Was habe ich getan: ich habe bei meiner Schwiegermutter an die Tür geklopft. Willkommen war ich dieser Frau nicht, einer Witwe, die schon sehr lange allein lebte, tagsüber arbeitete und ansonsten ihren Bekanntenkreis pflegte. Ich habe brav ihren Haushalt versorgt, das Essen gemacht, eingekauft, mich in jeder Weise erkenntlich gezeigt, nur damit ich bei ihr wohnen konnte. Und sie hat mir nicht einmal erlaubt, daß mein Bruder, der manchmal nach Frankfurt kam, mich bei ihr besuchte. Mein Bruder hat mich auch öfter in die Klinik begleitet, da fühlte ich mich wenigstens nicht ganz so alleine, nicht so ausgeliefert.
Gleich nach der Einlieferung in die Klinik bekam Oliver einen Infekt, hatte über 40 Grad Fieber. Ich durfte Oliver immer nur durch die Glasscheibe sehen. Erst nach ganz langer Zeit, als das Fieber abgeklungen war, konnte man ihm den Herzkatheter legen. Das Fieber war runter, aber der Junge hat nichts mehr bei sich behalten, er hat sich nur erbrochen. Und ich durfte weiterhin immer nur vor der Glaswand stehen. Ich durfte ihm nicht einmal sein Spieltierchen geben. Die sind erst ganz spät auf die Idee gekommen, holen wir mal die Mutter zum Füttern. Da war es wohl schon zu spät. Er war mir ganz fremd geworden, und er hat mich auch nicht mehr erkannt. Ist aber auch gut so, ist gut so gewesen, sonst hätte alles viel, viel länger gedauert.
Einmal hat man mir mein Kind mit der Bemerkung zurückgegeben: Wer weiß, wie lange Sie noch etwas von ihm haben. Da muß Oliver schon todkrank gewesen sein. So wie man mich geschildert hat als Baby – wie eine sterbende Blume –, hat Oliver ausgesehen, als man ihn mir aus der Klinik übergab. Er hatte keinen geraden Rücken mehr. Nichts mehr an den Schenkelchen, die einst so schön waren. Und der winzige, magere Körper, der mit großer Anstrengung alles wieder erbrach, was ich ihm fütterte. Die ganze Batterie von Tropfen, daß er sich nicht aufregt, daß er nicht zuviel schläft, ich weiß es gar nicht mehr so genau,

will mich nicht erinnern. Es war schlimm, so schlimm, daß ich ihn nach acht Tagen freiwillig wieder in die Klinik gegeben habe. Ich konnte nicht mit ihm umgehen. Erkannt hat er mich ja auch nicht mehr. Ein ganz schwaches, biegsames, weiches Würmchen, nie mehr in Bewegung, Arme und Händchen ganz schlaff, Händchen, die nicht mehr greifen wollten oder konnten, und die Augen immer halb geschlossen, als wollten sie nichts mehr sehen von dieser Welt, so habe ich Oliver wiederbekommen. Ich habe ihn nie wieder anders gesehen.
Gestorben ist Oliver allein, ohne mich. Ich war fünf Monate in Frankfurt, war jeden Tag bei ihm und jederzeit erreichbar, nur eben in jener Nacht nicht. Es war vor Weihnachten, am 18. Dezember. Mein Bruder hatte mich besucht, meine Schwiegermutter hat ein großes Drama daraus gemacht. Ich war am Ende. Da hat mein Bruder gesagt, so geht das nicht weiter, jetzt fährst du erst mal mit nach Bochum, und dann sehen wir weiter. Wir sind abends bei Schnee und Eis auf die Autobahn. Und bald nach unserer Abfahrt müssen schon die Telefondrähte zwischen der Klinik, meiner Schwiegermutter und meinen Eltern in Bochum heißgelaufen sein. In Bochum wußte man also schon, daß Oliver krampfte. Er hatte einen Herzanfall. Und ich war nicht da. Vielleicht sollte das so sein. Ich muß gestehen, ich wollte mein Kind nicht sterben sehen. Ich hatte genug von seinem Leid gesehen.
Als ich bei meinen Eltern in Bochum ankam, wußten alle schon Bescheid. Nur ich wußte nicht Bescheid, und gesagt hat man mir nichts. Niemand redete mit mir. Ich nahm an, die wollten mich ein wenig umsorgen, weil ich ziemlich durchgedreht war. Meine Mutter gab mir Valium, mein Vater flößte mir liebevoll einen Cognac ein. Endlich ein wenig Aufmerksamkeit für mich, nach all diesen Monaten, in denen keiner gefragt hatte, wie es mir geht, dachte ich und war sogar ein wenig froh. Mutti und Vati haben mir immer das gegeben, was sie selbst brauchen, wenn sie aus der Reihe sind, mit ihren Problemen nicht klarkommen. Mutti verabreichte mir ihre Beruhigungsmittel, und mein Vater tröstete mich mit Alkohol. So war das schon immer.

Und dann haben sie mich irgendwann ins Bett gesteckt, aber noch immer kein Wort über Olivers Zustand. Ich hätte ja auch gar nicht mehr zu ihm fahren können. Außerdem, was hätte es ihm in seiner Not noch nützen können? Irgendwann am frühen Morgen, alles war noch dunkel, klingelte das Telefon, kam die Nachricht, Oliver ist tot. Ich habe es gehört in meinem Bett, trotz Valium, trotz Alkohol. Und die Worte sind mir wie ein Geschoß durch den Körper gegangen bis in die Fußspitzen. Das weiß ich noch genau. Ich bin aus dem Bett gesprungen, stand am Treppenabsatz, bin die Treppen runtergestolpert, stand da wie eine Versteinerte. Irgendwie hat man mich wieder ins Bett gekriegt. Als ich wieder im Bett lag, hatte ich ein Bild oder einen Traum von einem langen, dunklen Tunnel, und am Ende dieses Tunnels war ein Licht. Glaub mir, das ist kein Kitsch: ein ganz langer Tunnel, und dahinter war ein Licht. So hat sich dann auch mein Leben nach Olivers Tod entwickelt.

Schuldgefühle nach dem Tod meines Kindes hatte ich nicht. Zuerst war da nur die Erleichterung. Ich muß nicht mehr nach Frankfurt zu meiner Schwiegermutter, die so häßlich zu mir war, ich muß nicht mehr das Leid meines Kindes miterleben. Es war mir, als wäre eine Riesenlast von meinen Schultern genommen worden. Ich konnte nicht trauern um Oliver. Nur einige Male habe ich ein bißchen geweint, es waren ganz kurze Momente. Ich war wieder zu Hause, sah die Spielglocke an seinem Bettchen, sah seine Hemdchen, die Windeln und Strampelhöschen, die ich ordnen mußte, um sie zu verschenken. Geweint habe ich ganz kurz, als ich ihn im Sarg so schön angezogen sah.

Wie es dann weiterging mit mir, weiß ich nicht so genau. Die Erinnerungen sind sehr brüchig an die Zeit danach. Ich war wohl sehr deprimiert, wie früher auch schon. Aber mit dem Begriff Depression oder Trauerarbeit konnte ich damals noch nichts anfangen. Ich konnte nichts mehr essen. Es kam dann langsam so eine Zeit des Erwachens, obwohl ich das nicht so gemerkt habe.

Nach dem Tod meines Kindes hat mich mein Mann nach

Zürich geholt. Es war Winter, mein Mann arbeitete tagsüber, und ich war allein in Zürich. Wir wohnten etwas außerhalb der Stadt, und ich bin gelaufen und gelaufen, mein Gott, was bin ich gelaufen jeden Tag durch die Straßen und den hohen Schnee. Keine bewußten Gedanken im Kopf. Keine Tagträume mehr, in die ich mich flüchten konnte, die habe ich in dieser Zeit verloren. Sie halfen mir nicht mehr. Ich wollte nicht mehr träumen. Irgendwann bin ich dann zum Friseur gegangen. Das war ein Erlebnis. Ich habe mir meine falschen blonden Haare entfärben lassen. Weg das Blonde im Brigitte-Bardot-Stil, weg das Künstliche. Ich glaube, das war der allererste eigenständige Schritt hin zu mir.
Bis meine wirkliche Entwicklung begann, das hat noch mal Jahre gedauert. Und bis heute ist diese Entwicklung nicht abgeschlossen. Mit Männern habe ich immer noch große Schwierigkeiten. Inzwischen mache ich ihnen aber auch große Schwierigkeiten. Ich bin vorsichtig geworden. Über Jahre hatte ich überhaupt keine intimen Beziehungen zu Männern. Jetzt kann ich ihnen sehr bald zeigen, wenn ich mich gekränkt fühle, wenn sie unehrlich mit mir umgehen. Diese Unehrlichkeit, die Halbherzigkeit, das feige Verstecken ist es, was mich ganz schlimm kränkt, zu schlimm. In solchen Momenten bin ich völlig am Boden zerstört, kann nicht mehr essen, nicht mehr schlafen. Da kommen dann all diese alten Gefühle in mir hoch: Verlassenheitsängste, die Gedanken, du bist nicht erwünscht, nicht respektiert, ein tiefes Ungenügen meiner selbst. Doch ich fühle mich solchen Situationen nicht mehr so hilflos ausgeliefert wie früher. Ich weiß, ich kann mich wehren, es liegt an mir, mein Leben zu ändern. Ich muß nicht mehr nach allen Seiten das brave kleine Mädchen oder Frauchen spielen, nicht alles passiv über mich ergehen lassen. Und sobald ich aktiv werde, geht es mir auch wieder besser. Plötzlich kann ich wieder essen, ein erstes Anzeichen, ich bin raus aus der Depression. Na ja, das ist eine andere Geschichte. Und doch hängt sie vielleicht mit Oliver zusammen.
Ich war nicht traurig nach Olivers Tod. Nur die Leere

wurde immer größer in mir. Wie ein Felsbrocken fühlte ich mich, untragbar für andere, steckte tief in einer Depression, ohne es zu wissen. Ich habe gegen diese Gefühle gekämpft. Nach dem Tod meines Kindes habe ich krampfhaft versucht, am gesellschaftlichen Leben teilzuhaben. Der berufliche Aufstieg meines Mannes bot mir ausreichend Gelegenheit dazu. Unsere neue Wohnung in einer anderen Stadt war mittlerweile fertig. Es war ein sorgloses Leben für mich, endlich. Ich wurde sogar akzeptiert, umschwärmt, bekam von allen Seiten Komplimente. Annehmen konnte ich die Komplimente nicht. Ich muß gespürt haben, das ist nicht mein Weg.
Ein Jahr nach Olivers Tod habe ich meinem Mann gesagt, ich muß mich von dir trennen. Woher ich die Kraft und den Mut hatte zu diesem Satz, weiß ich bis heute nicht. An seinen Augen merkte ich, daß er sich einerseits befreit fühlte. Er hat nicht gekämpft um mich, daß ich bei ihm bleibe, andererseits fühlte er sich in seinem Selbstbewußtsein als Mann gekränkt, weil ich diejenige war, die von Trennung sprach und nicht er. Das war die Zeit, in der ich diese starken Rückenschmerzen bekam und die ersten Vorgespräche für meine stationäre Einlieferung in die Psychosomatische Klinik liefen.
Mein Mann ging nach München. Ich kam in die Klinik, und da habe ich mich sofort ganz heftig in den Therapeuten verliebt. Es war so schön. Ich habe ihm einen Liebesbrief geschrieben. Er hat sehr feinfühlig reagiert. Aber ich mußte in eine andere Gruppe. Ich fand das dann gar nicht tragisch, in eine andere Gruppe zu kommen. Für mich war die Erfahrung, ich kann mich verlieben, ungeheuer wichtig. Es war wie ein neues Lebenserwachen. Jetzt spürte ich mich. Ich glaubte ja bis dahin, ich sei unfähig zu lieben, kannte ja auch die Diagnose meiner Einlieferung: Frigidität, Konversionsneurose, klar, Verdrängung, alles makelhaft an mir. Und dann das Erlebnis, verliebt zu sein. Es war wie mein Traum in der Todesnacht meines Sohnes. Ich sah wieder den dunklen Tunnel, mit diesem verheißungsvollen, wunderschönen Licht an seinem Ende.
Mehrere Wochen war ich in der Klinik. Für mich war es

eine gute Zeit. Zum erstenmal begann ich über mich nachzudenken. Ich lernte mich kennen, meine Gefühle, lernte, in der Gruppe über mich zu reden. Ich habe geredet und geredet, sehr kopflastig zuerst noch. Ein ganz neues Gefühl stieg in mir auf: Ich bin wichtig. Nie zuvor war ich der Nabel der Welt, jetzt bin ich wichtig. Ich habe es kaum fassen können. Die anderen haben natürlich auch geredet. Ich konnte ihnen wirklich zuhören, in sie hineinhorchen. So lernte ich nicht nur mich besser kennen. Ich lernte auch die anderen mit ihren Nöten kennen und verstehen.
Niemand hatte mich zuvor auf den Tod meines Sohnes angesprochen. Alles war so kalt um mich. Keiner hat mich gefragt, wie es mir dabei geht, nicht meine Eltern, nicht meine Geschwister, nicht mein Mann, ganz so, als hätte Oliver nie gelebt, so als hätte er nie gelitten in seinem Sterben, und ich hätte sein Leiden nicht mitansehen müssen. Alle taten so, als sei er nie anwesend gewesen in unserem Leben. Bis zu meiner Therapie mußte ich seinen Tod aus meinem Leben verdrängen. Die Erleichterung, die ich zuerst über Olivers Tod empfand, hat mich eben doch belastet. Die Trauer, die ich nicht fühlen durfte, hat mich zu einem Stein gemacht. Ich glaube, heute kann ich sagen, ich bin dankbar, daß alles so gekommen ist. Olivers Tod war keine Erleichterung für mich, so wie ich es damals dachte. Sein Dasein und sein Tod haben mich aus meiner seelischen Einöde erlöst. Oliver hat mir so viel ermöglicht. Er hat mir meinen Weg im Leben gezeigt, daß ich endlich ein Selbstbewußtsein für mich, für meine Schmerzen und meine Lust empfinden konnte. Durch ihn habe ich mich auf einem sehr langen Weg selbst entdeckt. Ich kann nicht weinen um ihn, nicht, weil sein Tod schon so lange zurückliegt. Ich kann nur dankbar sein für das Opfer, das er für mich mit seinem kurzen Leben gebracht hat.
Jahre nach meiner Scheidung habe ich Olivers Vater einen langen Brief geschrieben, wie es mir jetzt geht. Daß ich so viele Träume in meinem Leben verwirklichen konnte, daß ich ein Abitur gemacht habe, ein Pädagogikstudium mit anschließendem Referendariat mit den besten Noten abgeschlossen habe, daß ich endlich auch das Schwimmen ge-

lernt habe, daß ich wieder Gitarre spiele und wieviel Spaß mir das macht. Daß mein Rücken jetzt ganz gerade geworden ist, ich kaum noch Schmerzen habe. – Eine Antwort auf meinen Brief habe ich nicht bekommen. Ich brauche die Antwort nicht mehr.

Helga Levend

»Lieber gehe ich selbst, als wieder verlassen zu werden«

Antje, 33 Jahre, ein Adoptivkind
Ein Gesprächsprotokoll

Ich bin jetzt 33 Jahre und war eigentlich, soweit ich mich zurückbesinnen kann, eine Sucherin und Träumerin. Bin ich heute auch noch. Andererseits weiß ich schon, daß ich mich sehr gut durchsetzen kann. Das habe ich gelernt, mußte ich wohl lernen. Aber manchmal bricht dann doch alles in mir zusammen, und ich möchte verschwinden aus dieser Welt, und gleichzeitig bäumt sich irgend etwas zornig in mir auf. Weißt du noch, wie ich nach dem Streit mit meinem Freund am Straßenrand hockte, ein Häufchen Elend. Nur noch Rotz und Wasser konnte ich heulen. Ich habe mich schrecklich geschämt, nicht vor dir oder weil ich was getrunken hatte, auch nicht vor meinem Freund. Ich weiß nicht, wie ich das erklären soll. Der Streit mit meinem Freund hat mich einfach fertiggemacht. Ich dachte, der versteht mich nicht. Ich dachte, das ist ja alles so wie früher. Was auch passiert, ich bin immer die Schuldige in den Augen der anderen, und in solchen Augenblicken fühle ich mich auch so. Das geht dann auch wieder vorüber. In jener Nacht wollte ich meinen Freund verlassen, wirklich. Ich dachte, es ist besser für mich.
Es ist leichter für mich, selbst zu gehen, als verlassen zu werden. Wenn Robert mich verläßt, es könnte mich das Leben kosten. Na ja, ich überlege, ob ich nach H. zurückgehe. Doch H. ist so klein. Ich würde dort den Menschen wiederbegegnen, vor denen ich geflohen bin, die mich wie eine Idiotin behandelt haben. Davor fürchte ich mich. Ich weiß noch nicht, wie ich mich entscheiden werde.
Wie das alles angefangen hat, willst du wissen. Ich frage mich das manchmal auch. Du weißt ja, ich bin ein Adop-

tivkind – und du magst mit deiner Vermutung recht haben, daß dieses Schicksal auch mein Lebensgefühl bestimmt, glauben kann ich das nicht, will ich nicht. Es wäre zu schwer für mich, dann würde ich wahrscheinlich endgültig resignieren. Ich bin doch ich, kann meinen Lebensweg gehen. Dafür habe ich schon früh gekämpft. Andere Kinder tun das auch. Warum darf ich es nicht?

Mein erstes Zuhause war ein Kinderheim. Eine Woche vor meinem ersten Geburtstag kam ich zu meinen Eltern, zu meinen Adoptiv-Eltern, muß ich wohl sagen. Das Wort vergesse ich immer, ich kriege es nicht so richtig über die Lippen, denn ich sehe in ihnen meine eigentlichen Eltern, bis heute. Obwohl ich vor drei Jahren mit ihnen gebrochen habe, hänge ich noch immer sehr an ihnen.

Paps und Mam – meine Adoptiv-Eltern – haben sich erst sehr spät für ein Kind entschieden. Zuerst wollten sie die schwierigen Jahre der Nachkriegszeit abwarten, dann wollten sie sich eine gesicherte Existenz aufbauen, in der auch ein Kind Platz hat. Darüber ist Mam 35 Jahre alt geworden, und Paps ging auf die Vierzig zu. Dann war es plötzlich zu spät. Mam konnte keine Kinder mehr kriegen, sie hatte etwas, was gegen ein eigenes Kind sprach, so hat sie es mir später erzählt. Und noch später, als ich genauer fragen konnte, habe ich erfahren, daß die Ärzte eine »Totaloperation« an ihr vorgenommen hatten. Ein Kind wollten meine Eltern trotzdem. Ein ganz kleines Kind, ein Baby. Sie haben lange auf mich gewartet, fast fünf Jahre. Andere, ältere Kinder hätten Sie viel früher bekommen können. Aber die wollten sie nicht.

Bis ich von meinen Eltern adoptiert wurde, darüber vergingen noch einmal einige Jahre, fast fünf Jahre. Das lag nicht nur an der gesetzlichen Bürokratie. Mein Vater hatte beschlossen, abzuwarten mit der Adoption, bis meine natürliche Mutter volljährig wurde, bis sie selbst ihre Einwilligung dazu geben konnte. Ich denke, diese Entscheidung meines Adoptiv-Vaters war nicht nur vernünftig, sie war auch sehr rücksichtsvoll und einfühlsam der Frau gegenüber, die mich geboren hat. Ob diese Zeit des Wartens, bis meine Adoptiv-Eltern mich endgültig als ihren Schatz

– so haben sie mich immer genannt – in ihre Familie aufnehmen konnten, schwierig für sie war, ob sie skeptisch und unruhig der Zukunft entgegengesehen haben, ich weiß es nicht. Wenn du mich jetzt danach fragst, dann denke ich schon, es muß eine Belastung für sie gewesen sein, dieses Warten über Jahre hinaus. Ich kann mich aber überhaupt nicht mehr erinnern, ob ich etwas von diesen Belastungen gespürt habe. Ich weiß nur, Paps und Mam haben mich, sobald ich etwas sprechen und denken konnte, nie hinters Licht geführt. Sie haben mir sehr früh erzählt, daß ich nicht ihr Kind bin. Sie sind mir eigentlich immer zuvorgekommen. Wenn ich Fragen hatte, haben sie die ehrlich beantwortet. Vielleicht, weil sie selbst nicht ganz sicher waren, ob sie mich wirklich adoptieren konnten. Vielleicht auch, weil ich ihnen überhaupt nicht ähnlich sah. Ich habe strohblonde Haare und blaue Augen, und meine Adoptiv-Eltern haben ganz dunkle Haare und braune Augen. Es gab überhaupt nichts, was mich ihnen ähnlich machte. Und die Nachbarn wußten ohnehin Bescheid, daß ich nicht das Kind meiner Eltern war. Daher wußten es die Lehrer und meine Freunde natürlich auch. Es ist nie ein Geheimnis gewesen.
So bin ich schon sehr früh mit der Gewißheit aufgewachsen, daß ich zwei Mütter und zwei Väter habe. Dieses Wissen hob mich aus der Masse, gab mir das Gefühl, etwas Besonderes zu sein. Ja, ich habe dieses Gefühl richtig genossen. Ich konnte mir einen Vater ausmalen, der ein König war. Ich konnte von einer anderen Mutter träumen, von einer Prinzessin, die meine Wege nicht störte, die da sein würde, wenn ich sie brauche. Ich habe auch Paps und Mam davon erzählt, und sie haben mich verstanden, sind mir deshalb nie böse gewesen. Am Anfang war alles wirklich ganz toll mit ihnen.
Ich erinnere mich noch gut an den Tag meiner Adoption. Meine Eltern sind zum Gericht gegangen, und ich habe bei unseren Nachbarn ganz aufgeregt auf sie gewartet. Als sie zurückkamen, haben wir alle etwas Schönes gegessen. Wir haben eine richtige Party gefeiert, so als hätte ich Geburtstag.

Nach meiner Adoption, ich muß so sechs, sieben Jahre alt gewesen sein, kamen meine ersten wirklichen Fragen. Ich wollte wissen, wie ist meine richtige Mutter, wie ist mein richtiger Vater. So habe ich dann erfahren, daß meine Mutter lediglich einen Brief geschrieben hat, in dem sie mich zur Adoption freigab. Sie wollte anscheinend gar nicht wissen, in welcher Familie ich aufwuchs. Sie durfte es wohl auch nach dem Gesetz gar nicht wissen. Ob mich das damals schon gekränkt hat, weiß ich nicht. Sonst konnten mir Paps und Mam auf meine Fragen wenig antworten. Mein Vater ist ohnehin anonym gebliehen. Von meiner Mutter wußten sie, daß sie mich mit siebzehn Jahren geboren hatte, daß sie aus einer wohlhabenden katholischen Familie kam, die ein bekanntes Geschäft in einer Kleinstadt führte. Ich habe das erst alles nach und nach erfahren und mir später zusammengereimt. Auch daß meine Mutter sieben Geschwister hatte und alle nichts davon erfahren durften, daß sie schwanger ist. Wäre es herausgekommen in dieser Stadt, es wäre eine absolute Schande für die Familie gewesen. Die hätten ihr Geschäft dichtmachen müssen. Meine Mutter wurde von ihrer Mutter weggeschickt, irgendwohin, damit niemand etwas merkte. Und nach meiner Geburt wurde ich dann gleich in ein Heim gesteckt. An Abtreibung war in dieser überzeugten katholischen Familie nicht zu denken, obwohl das notwendige Geld dafür vorhanden gewesen wäre. Manchmal denke ich aber auch, meine Mutter wollte mich haben. Und wäre es nach ihrem Willen gegangen, sie hätte mich nicht weggegeben. Sie wurde von ihrer Mutter dazu gezwungen. Mag sein, ich träume dies nur, weil ich es mir wünsche, so wie ich als Kind geträumt habe, meine Mutter ist eine Prinzessin, und sie ist da für mich, wenn ich sie brauche. Hätte sie mich abgetrieben, ich wäre jetzt nicht auf der Welt. Im Grunde meines Herzens bin ich ihr dankbar, daß sie mich geboren hat, daß ich leben durfte.
Später, so mit achtzehn Jahren, habe ich mich zum erstenmal auf die Suche nach meiner Mutter gemacht, nicht so konsequent. Es war zu der Zeit noch sehr schwierig, Nachforschungen anzustellen. Zwischen meinen Adop-

tiv-Eltern und mir war zu dieser Zeit schon ein Riß entstanden. Angefangen hat das während meiner Pubertät. Als ich dreizehn war, gab es nur noch Probleme und Mißverständnisse. Alles ging schief. Plötzlich durfte ich nichts mehr. Ich durfte keinen eigenen Willen mehr haben, ich hatte nur noch dankbar zu sein. Paps bestimmte. Ich durfte nicht mehr die Bücher lesen, die ich lesen wollte. Ich wollte Sport treiben und tanzen gehen und durfte es nicht. Um 23 Uhr hatte ich daheim zu sein, da war ich sechzehn Jahre, während die anderen Jugendlichen alle bis 1 Uhr wegbleiben durften. Ich habe mich gefragt, waren Paps und Mam so mißtrauisch gegen mich, weil ich nicht ihr leibliches Produkt war, haben sie mir deshalb nicht vertraut.

Sicher, solche Kämpfe gibt es auch in anderen Familien. Aber wenn du dann gerade in diesen Jahren zu spüren bekommst, du bist ja nur ein Adoptivkind – die Einsicht ist sehr hart und demütigend. Es macht dich innerlich völlig kaputt. Du fühlst dich wie ein Ding, wie eine Leibeigene. Sobald ich etwas anderes wollte als meine Eltern, konnte ich das vergessen. Ein Satz von Paps ist mir noch genau im Ohr, er schmerzt mich bis heute. »Lieber Schatz, du mußt dankbar sein, daß wir überhaupt für dich da sind.« Vergessen werde ich diesen Satz wohl nie. Mam stimmte immer ein in diesen Tenor. Was ich langsam begreifen mußte, meine Adoptiv-Mutter war und ist völlig indoktriniert von ihrem Mann. Und mein Adoptiv-Vater ist so überzeugt von sich und seinem Geld, daß er meint, alles damit kaufen zu können. Er glaubte anscheinend, auch mich kaufen zu können. So hatte ich ihn vorher nie erlebt.

Die Zeit meiner Pubertät war schrecklich. Du kannst dir nicht vorstellen wie schrecklich. Und immer diese indirekten oder auch direkten Vorwürfe. Als meine Mutter mit irgendeinem Nervenleiden in eine Klinik eingeliefert wurde, war das natürlich meine Schuld. Als mein Vater mit einer Herzinsuffizienz ins Krankenhaus kam, operiert werden mußte, war das wieder meine Schuld. Zuviel Aufregung habe ich Paps und Mam bereitet. Ich sah es ja selbst so, man hätte es gar nicht vor mir betonen müssen. Man sagte es mir trotzdem. Ich weiß nicht, ob du das wahrhaben willst. Aber es ist einfach so. Bist du ein Adoptivkind, fühlst du dich gleich doppelt und dreifach schuldig. Du kannst deinen Adoptiv-Eltern ja nichts entgegensetzen. Du kannst nicht sagen, ihr habt mich schließlich gezeugt. Und wenn ihr nicht aufgepaßt habt, ist es eure Verantwortung, daß ich da bin, so wie ich bin. Ihr habt mich nicht gefragt, ob ich auf die Welt kommen will, ob ich euer Leben mit euch teilen will.

Was ich damals von meinen Adoptiv-Eltern dachte, ist völlig unsagbar: Ihr habt mich ausgesucht wie eine Ware, und nun gefalle ich euch nicht mehr. Aber zum Umtausch ist es zu spät.

Nichts wie weg von zu Hause, träumte ich mit sechzehn. Und mit siebzehn war es dann soweit. Meine Adoptiv-Eltern wollten mich auf ein Musik-Konservatorium schicken. Ich wollte da nicht hin, weil ich wußte, das schaffe ich nicht, obwohl ich sehr musikalisch bin. Musik ist für mich Spaß, aber kein Beruf, für den du beständig üben und dich aufreiben sollst. Ich habe mich widersetzt, durfte dann Musik-Therapie studieren. Ich habe gern studiert. Aber was für mich wohl noch wichtiger war, daß ich endlich weit weg von zu Hause leben konnte, die Vorwürfe meiner Eltern nicht mehr jeden Tag aushalten mußte, sondern nur noch manchmal an den Wochenenden zu hören bekam.

Eine Stelle als Musik-Therapeutin habe ich nach meiner Ausbildung nicht bekommen. Da war keine Chance für mich. Nur einer von zehn aus meiner Gruppe hat das geschafft. Ich hab dann halt schnell geheiratet. Meine Eltern waren natürlich gegen die Heirat und zuerst auch gegen meinen Mann. Er war arbeitslos, und ich hab für uns geschuftet als Kellnerin. Das Geld langte hinten und vorne nicht. Wir hatten Schulden. Eines Tages stand mein Vater vor der Tür, bot mir an, unsere Schulden zu bezahlen, ich könne sie ja zurückzahlen. Ich hab ihm nur gesagt, ich will dein Geld nicht mehr. Da ist er wieder gegangen.

Ich glaube, ich war von Anfang an nicht glücklich in meiner Ehe. Den Halt, den ich in meinem Mann suchte, habe ich bei ihm nicht gefunden. Er hat mich genau wie meine Adoptiv-Eltern nie verstanden. Auch von ihm fühlte ich mich wie ein Ding behandelt, hab mich so behandeln lassen, wußte nicht, wie ich mich wehren sollte, trotzdem ich innerlich dagegen aufbegehrt habe. Zwischendurch bin ich einfach abgehauen, bin nachts durch die Kneipen gezogen. Das war schon in den ersten Jahren unserer Ehe so. In dieser Zeit habe ich auch wieder versucht, meine Mutter zu finden. Und diesmal hab ich mich nicht so schnell abwimmeln lassen. Auf vielen Umwegen habe ich meine Mutter gefunden. Und zwar über die Sozialarbeiterin, die vor meiner Adoption immer zu uns ins Haus kam, um sich zu überzeugen, ob ich auch wirklich gut in der Familie versorgt bin, ob alles in Ordnung ist. Die Frau war inzwischen pensioniert und fühlte sich dadurch von ihrer Schweigepflicht enthoben. Auf diesem Weg habe ich nicht nur die Adresse meiner natürlichen Mutter herausbekommen, ich habe auch erfahren, daß sie glücklich verheiratet ist und drei Kinder hat. Trotzdem habe ich sie angerufen. Ich wollte sie so gern sehen, wollte ihr sagen, daß ich früher immer von ihr geträumt habe, sie sei eine Prinzessin, daß ich ihr überhaupt nicht böse bin, daß sie mich in ein Heim gegeben hat, daß ich sie verstehe, weil sie ja keine andere Wahl hatte. Ich wollte ihr sogar danken, ihr sagen, ich bin glücklich, daß du mich hast leben lassen. Meine Mutter wollte mich auch sehen, hat mir erzählt, ihr Mann weiß alles über ihre Vergangenheit, über meine Existenz. Worte, nichts als Worte. Am Schluß des Gespräches kam heraus, sie kann mich nicht sehen. Ihre drei Kinder wissen nichts von meiner Existenz. Das hat gesessen. Indirekt gab sie mir zu verstehen, da ist kein Platz in ihren Leben für mein Leben, nicht einmal jetzt, wo ich erwachsen bin. Ich wollte ja gar nicht in ihre Familie eindringen, wollte ja gar nicht, daß sie sich vor ihren anderen Kindern zu mir bekennt. Ich wollte sie nur einmal in meinem Leben sehen. Wir hätten uns an einem neutralen Ort treffen können. Diese Möglichkeit ist ihr nicht einmal eingefallen, und ich habe diese ursprünglichen Gedanken in mir bei ihren Worten auch ganz vergessen. Mir hat das so weh getan. Du kannst dir nicht vorstellen, wie weh mir das Gespräch getan hat. Das ist, als würde dich jemand zum Sterben verurteilen. Ja, ich habe das Urteil überlebt. Ich weiß es selbst nicht wie.

Du fragst mich nach meinem Sohn. Ein Wunschkind ist mein Sohn nicht gewesen. Aber Abtreibung kam für mich überhaupt nicht in Frage. An die finanzielle Misere, in der ich mit meinem Mann lebte, habe ich während meiner Schwangerschaft kaum einen Gedanken verschwendet. Kann sein, daß ich unbewußt fühlte, ich würde nicht nur mein Kind, sondern vor allem mich selbst und meine Existenz verraten, wenn ich abtreibe. Meine Mutter hat mich ja auch nicht abgetrieben.

Wie es dann weiterging, willst du wissen. Das Leben mit meinem Mann wurde mir nach und nach zur Hölle. Manchmal bin ich des Nachts weggegangen, bin durch die Kneipen gezogen und am Morgen zurückgekommen. Dann kam eine andere Zeit. Ich bin wirklich abgehauen aus meiner Ehe, für längere Zeit. Aber ich bin immer wieder zurückgekommen, nicht zu meinem Mann, sondern zu meinem Sohn. Nur wegen meines Sohnes habe ich diese Ehe ausgehalten.

Ich habe mich zu einem Therapeuten geflüchtet, ohne große Überzeugung, daß er mir helfen kann. Wir haben angefangen mit Hypnotherapie, und dann sind wir tiefer gegangen. Rebirthing und so. Ich wußte, ich mußte das tun. Ich wäre sonst verrückt geworden. Diese Therapie hat meinem Ex-Mann und meinem Sohn das Leben gerettet. Ohne die Therapie hätte ich uns alle drei umgebracht. Ich hatte mir ein Ziel gesetzt: so schnell wie möglich aus der Gefahrenzone herauszukommen. Und das Ziel habe ich erreicht. Danach brach ich die Therapie ab. Ich weiß, sie hat mir das Leben gerettet.

Ich war fast zehn Jahre verheiratet. Mein Ex-Mann wollte mich von zu Hause rausschmeißen, wenn ich mich nicht ändere. Ich habe ihn vorher verlassen. Mit zwei Plastiktüten in der Hand bin ich aus der Ehe ausgezogen. Wieder einmal wurde ich behandelt, als wäre ich ein untragbares, unerwünschtes Element. Diesmal vom Vater meines Sohnes. Ich konnte das nicht länger ertragen. Damals habe ich auch den Kontakt zu meinen Adoptiv-Eltern abgebrochen. Die haben nichts verstanden, hielten mich für eine Alkoholikerin. Du bist skeptisch, hältst es für möglich, daß es alte Gefühle sind, die ich in meinen Beziehungen mit Menschen, die mir nahestehen, neu belebe, Gefühle, die damit zusammenhängen könnten, daß meine Mutter mich nicht haben wollte? Der Gedanke ist mir zu abstrakt. Ich denke, meine Mutter wollte mich haben, aber sie durfte es nicht. Ihre Familie war gegen mich, nicht sie. Mein Leben lang waren alle gegen mich. Niemand hat gefragt, was ich fühle. Immer wieder bin ich abgelehnt worden, wirklich. Das ist eine Tatsache. Ich bilde mir das nicht ein. Meine Mutter wurde ja auch nicht gefragt, was sie fühlte, als sie von zu Hause fortgeschickt wurde und als sie mich ihr weggenommen und in ein Heim gesteckt haben.

Jetzt wollen alle, denen ich etwas von mir erzähle, sofort wissen, ob ich nicht Schuldgefühle empfinde. Schließlich habe ich ja nicht nur den Vater meines Sohnes verlassen, ich habe auch meinen Sohn verlassen. Nein, Schuldgefühle meinem Sohn gegenüber empfinde ich nicht. Ich hatte ja gar keine Möglichkeit, mich zu wehren. Mein Ex-Mann hatte schon alles hinter meinem Rücken eingefädelt. Die Scheidung, daß mir das Sorgerecht für Johan entzogen wird. Ich darf meinen Sohn nicht einmal sehen. Selbst das ist mir per Gericht verboten worden. Mein Ex-Mann hat das geschafft. Ich kann da nichts mehr machen. Drei Jahre ist das jetzt alles her. Niemand weiß, wo ich bin. Nicht mein Ex-Mann, nicht meine Adoptiv-Eltern. Ich habe mich vor ihnen versteckt. Einmal habe ich in dieser Zeit meinen Ex-Mann angerufen, gesagt, nimm dich vor Paps in acht, er versucht es wieder mit seinem Geld. Er will alles mit seinem Geld machen, laß es nicht zu, daß er Johan kriegt, schmeiß ihn raus. Aber da war es schon zu spät. Sie halten alle gegen mich zusammen, mein Ex-Mann und meine Adoptiv-Eltern. Da bin ich mir ganz sicher.

Manchmal in diesen drei Jahren hatte ich so eine Sehnsucht nach Mam und Paps, ich wünschte mir, mit ihnen sprechen zu können, wollte sie anrufen, ihnen alles er-

klären, warum ich weggehen mußte. Ich habe es mir verboten, hatte wahrscheinlich nicht den Mut dazu, dachte immer, sie werden dir ja doch nicht zuhören, dich wieder nicht verstehen. Als ich sie anrief, zum erstenmal nach diesen drei Jahren der Trennung – du weißt ja, das war nach unserem ersten Gespräch – wußte ich sofort, es war vergeblich. Ich hätte mir diesen Anruf ersparen können. Es war nur schrecklich. Da bekam ich nur wieder die alten Vorwürfe zu hören, wie undankbar ich sei. Als ich am Telefon geweint habe, warfen sie mir vor, ich sei betrunken. Sie haben gar nicht ernsthaft gefragt, wie es mir geht, mir wurden wieder nur Ratschläge erteilt, die wie Schläge auf mich wirkten. Bei den »Anonymen Alkoholikern« wäre ich wohl gut aufgehoben. Nur wegen mir ginge es Mam gesundheitlich schlecht. Sie wäre in eine Depression gefallen, hätte deswegen eine Klinik aufsuchen müssen. Sie wollten wissen, wo ich jetzt lebe. Ich habe es ihnen nicht gesagt.
Am schlimmsten waren für mich die Vorwürfe über meinen Sohn: Wie eine Mutter ihr kleines Kind einfach so im Stich lassen kann, sich einfach nicht mehr darum kümmert. Warum ich meine Rechte als Mutter nicht vor Gericht vertreten habe, wie jede Mutter es tun würde, die auch nur einen Funken Liebe für ihr Kind empfindet. Warum ich so egoistisch sei. Sie warfen mir vor, daß ich meinem Sohn nicht schreibe. Wie kann ich ihm schreiben, wenn ich ihn nicht mal sehen darf, habe ich gefragt und keine Antwort darauf bekommen. Wirklich, sie wollen überhaupt nicht wissen, wie es mir geht, sie wollen mich nicht als Person sehen mit meinen Schwierigkeiten und Wünschen. Sie sehen nur sich mit ihren enttäuschten Erwartungen. Ja, und dann bekam ich noch zu hören, wenn ich es mir anders überlege, wenn ich mein Leben ändern werde, dann stehe ihre Tür mir zu jeder Zeit offen. – Danke, darauf kann ich gut verzichten. Lieber gehe ich zugrunde. Aber ich werde nicht zugrunde gehen.

EDITH ZEILE

Brief an einen Arzt

Lieber Herr Dr. Lenz!*

Während Sie 80 Jahre alt werden in diesem Jahr, wird Mirjam, »unser Kind«, 18. Als ich Ihnen drei Monate nach der Geburt mitteilte, sie leide an einer schweren Krankheit, schwiegen Sie betroffen. Als ich Ihnen zehn Jahre später mein »Behinderten-Buch« schickte, hörte ich nichts mehr von Ihnen. Wollten Sie da nicht mehr »an diesen Fall« erinnert werden?
Nein, hören Sie nicht an dieser Stelle auf zu lesen, denn Sie sind nicht schuldig an unserem Schicksal. Ganz im Gegenteil! Sie hatten sich ja geradezu mit mir zu dem gemeinsamen Zweck verbündet, einem Kind auf diese Welt zu helfen. Ein Kollege meines Mannes an der Universität Karlsruhe hatte Sie als den »besten Chirurgen und Frauenarzt von Karlsruhe« bezeichnet, und der beste war gerade gut genug für mich. Ich war 37 Jahre alt, die Heidelberger Ärzte hatten mich aufgegeben, Sie machten mir Mut. Sie sprachen von den Überraschungskünsten der Natur, und die Überraschung war perfekt, als ich Ihnen ausgerechnet an Ihrem 61. Geburtstag mitteilte, ich sei schwanger. Ihr Zimmer stand voller Blumen.
Welch ein Geschenk für uns beide, Sie, den ehrgeizigen Arzt, und mich, die Frau, die einmal in jungen Jahren abgetrieben hatte, die jetzt außer einem Kind alles besaß. Es war der letzte und größte und weibliche Wunsch, den Sie mir erfüllen wollten. Sie waren ein wunderbarer Helfer, was Worte, Gebärden und Verhalten betraf.
Als ich in der achten Woche Blutungen bekam, wußten Sie sofort einen Ausweg: eine Tablette und eine Spritze Gestanon im täglichen Wechsel bis zur 13. Lebenswoche.
Ich war glücklich. Als ein junger Gynäkologe, Studien-

* Name wurde von der Redaktion geändert.

freund meines Schwagers, am Telefon mit leiser Stimme sagte, »das macht man doch heute gar nicht mehr, in den ersten drei Monaten greift man nicht ein«, da schöpfte ich noch gar keinen Verdacht, mein Vertrauen zu Ihnen war unerschütterlich.

Als wir gemeinsam den Herztönen »unseres Kindes« mit jenem altertümlichen Hörrohr lauschten, spürte ich die Bewegung in Ihrer Stimme, nach Tausenden von Geburten noch Ehrfurcht vor dem Mysterium des wachsenden Lebens!

Es war immer wieder ein Wunder, das kleine schlagende Herz zu hören, das ab dem dritten Monat mithilfe von Dilatol über sechs Monate hinweg zu Höchstleistungen gezwungen wurde. »Wir werden Ihren Puls auf 100 Schläge in der Minute bringen, Frau Zeile, wie bei einem Sportler, das führt zu einer besseren Durchblutung des Uterus.«

Ich glaubte auch das und schluckte die kleine weiße Pille jeden Morgen für ›unser sportliches‹ Kind. Hinzu kam noch ein Hormon, Partusisten, damit es lange genug in dem gut durchbluteten Uterus bliebe. Eisen und Kalk waren auch erforderlich, obwohl die Resorption naturheilkundlicher Präparate einfacher gewesen wäre. Aber damals hatte ich noch kein so großes Interesse an der Medizin wie heute. Ich war eine liebe Patientin, voller Bewunderung, voller Vertrauen und absolut gehorsam. Ich schluckte alles mit größter Regelmäßigkeit, denn ich war immer ein pflichtbewußter Mensch gewesen, und als Patientin tat ich auch gehorsamst meine Pflicht. Denn schließlich wollte ich die »drohende Fehlgeburt« nicht verschulden.

So vergingen vier Monate, und im fünften Monat bekam ich trotz des Schwangerschafts-Cocktails wieder eine leichte Blutung, und Sie freuten sich, als ich nun wieder ganz in Ihrer Obhut war. Ich fühlte mich auch gar nicht schlecht, denn ich glaubte, Sie waren ein Meister Ihres Fachs, und Sie würden es schon festhalten können, ›unser Kind‹, dessen Seele vielleicht schon die furchtbaren Dinge der Zukunft ahnte und lieber gehen als sich inkarnieren wollte. Aber das wußte ich damals alles ja nicht. Ich wollte das Kind, und Sie wollten das Kind, und wenn zwei das-

selbe wollen, ist der Erfolg fast unausweichlich. Schließlich wußten auch »alle in Heidelberg«, daß Sie mein Geburtshelfer waren, und der Name verpflichtet.
So wurde ich mit meinem Kind, das gar nicht leben wollte, an den Tropf gehängt. Partusisten, Tag und Nacht, drei Wochen lang – und siehe da, es blieb, es hatte seinen Entschluß geändert. So viel technischer und chemischer Einsatz mußte honoriert werden!
Und jeden Abend kam die Nachtschwester mit dem Bauchladen und fragte mitfühlend, wie es denn mit dem Schlafen sei, ob ich nicht vielleicht doch eine Valium wollte. Aber da ich schon immer gut geschlafen habe, verzichtete ich ausnahmsweise auf diese chemische Variante. Ich war wohl die Ausnahme, denn die Station war voll von jungen Frauen mit demselben Problem, die alle gern ihre Ängste um das ›lockere‹ Baby mit Valium betäubten.
Wußten Sie nicht, daß es bereits zu jener Zeit in England Forschungsarbeiten gab, die belegten, daß Mütter Kinder mit Hasenscharten zur Welt brachten, wenn sie nur genügend Valium in der Schwangerschaft geschluckt hatten?
Eine Hasenscharte hat Mirjam, ›unser Kind‹, nicht. Sie hat einen süßen Mund, dank meiner beharrlichen Valium-Abstinenz. Sonst ist ihr Gesicht verunstaltet. 200 kleine Tumore bilden das »Schmetterlingssyndrom«. Wußten Sie damals nicht, daß große Hormongaben »alles ins Kraut schießen« lassen? In den ersten drei Monaten wird beim Embryo das Keimblatt von Haut und Gehirn angelegt. Mirjam hat auch Tumore im Gehirn!
Im achten Monat luden Sie mich zum Vernähen des Muttermundes ein, obwohl überhaupt keine Anzeichen für einen Abgang bestanden. Mirjam kam vor ihrer Geburt so in den ›Genuß‹ einer Narkose.
Die zweite Narkose beim Kaiserschnitt war wohl keine große Überraschung für sie.
Als Sie sagten, der Kaiserschnitt sei das beste für das Kind, glaubte ich Ihnen natürlich. Was hätte ich damals denn nicht geglaubt? Und ein »Bikinischnitt« vom besten Chirurgen in Karlsruhe war eher ein Andenken als eine Beeinträchtigung der Figur.

Ist es eigentlich immer so, daß Kaiserschnitt-Kinder mit blauen Extremitäten auf die Welt kommen? Es kostete Mirjam einen Punkt auf der »Vollkommenheits-Skala«. Von den maximal 10 Punkten bekam sie stolze 9 Punkte. Welch ein gesundes Kind!
Als ich sie am nächsten Tag zum Stillen bekam und sie fünf Gramm trank, meinte die alte Stationsschwester, ich solle doch lieber die Absicht des Stillens aufgeben, ich wäre wohl nicht dazu in der Lage »bei diesen kleinen Brüsten«, fügte sie etwas verächtlich hinzu. Nun, ich habe Fotos aus der letzten Schwangerschaftsphase, die sehr volle, gut entwickelte Brüste zeigen. Ich staunte selber, wie mein knabenhafter Körper seinen Funktionen entgegenwuchs. Ich hätte sehr gern mein Kind gestillt, aber ich fügte mich. Sie hatte ›so viel Erfahrung‹, die alte Krankenschwester. Also nahm ich lieber die Schweißdrüsenabszesse in Kauf, die sich aus dem abrupten Abbruch des Stillvorgangs ergaben. Als ich mich weigerte, sie wegoperieren zu lassen und mein Mann sie durch Rotlichtbestrahlung in zwei Tagen beseitigt hatte, machten Sie einen Skandal und wollten mich aus Ihrem Haus hinauswerfen! Ich schrieb Ihnen einen Brief und bat um Verständnis, um Verzeihung. Ich hatte nun ein Kind – und war so undankbar! Schrecklich! All diese Szenen! Krankenschwestern erzählten sich hinter vorgehaltener Hand von Ihrem Auftritt an meinem Wochenbett, ich heulte stundenlang, weil Sie gar nicht mehr zur Visite kamen und ich Sie ja immer noch liebte und bewunderte wie einen Gott.
Dann wieder war ich selig. Ich hatte eine süße Tochter. Daß ich sie nur eine Viertelstunde täglich sehen durfte – und das drei Wochen lang! –, war zwar traurig, aber ich durfte nicht mehr aufsässig sein. Man mußte sich schon den Erfordernissen einer gut geführten Frauenklinik unterwerfen. Schließlich gab es damals noch kein »rooming-in«, es herrschte eine ganz andere Mutter-Kind-Philosophie als heute, wo Mütter ihre Kinder im warmen Wasser gebären können und sie gleich auf den Bauch gelegt bekommen und mit ihnen Tag und Nacht zusammen sind.
Unglaublich, was sich doch alles in den letzten 18 Jahren

geändert hat! War das der Sieg der Kinderärzte über die Frauenärzte? Wie sehen Sie das? Welches Wohl ist wohl wichtiger? Zu jener Zeit wogte ein heftiger Kampf zwischen diesen beiden Ärztegruppen, und die Frauenärzte schienen damals triumphiert zu haben, denn sie hatten das Wohl der Mutter im Auge. Sie mußte »geschont« werden nach all den Strapazen, und die kleinen Bälger konnten sich ruhig die Seele aus dem Leib schreien, vor Hunger, vor Angst, das schadete nicht.

Mirjam schadete es sicher. Autismus hat auch etwas zu tun mit der Entbehrung der Mutter in der ersten sensiblen Lebensphase. Jungtiere nehmen nach drei Wochen Trennung von ihrer Mutter diese nicht mehr an. Mirjam war zart, hypersensibel und durch die Medikamente total vergiftet. Ihre Leberfunktion war von allem Anfang an schwer beeinträchtigt. Zu dem Geburtstrauma kam ein Trennungsschock hinzu. Und doch nahm ich nach drei Wochen Aufenthalt in Ihrem Haus überglücklich mein kleines Bündel nach Hause.

Als Mirjam drei Jahre alt war, kam eine gesicherte Diagnose zustande. Ich hielt ihr Todesurteil in den Händen.

Lieber Herr Dr. Lenz, Sie tragen keine Schuld daran, Gott bewahre! Ich klage Sie nicht an, denn mein Leben ist durch meine Tochter reich geworden, reich an Schmerz, Entsagung und Liebe. Natürlich haben Sie Fehler gemacht – wer macht denn keine! –, und hätte ich nicht in all den Jahren etwas hinzugelernt, hätte ich keinen Brief an Sie schreiben können. Da ich heute aber weiß, daß wir für alles selbst die Ursachen geschaffen haben, kann ich Sie von aller Schuld freisprechen. Sie haben nur Fehler gemacht.

Es grüßen Sie *Mirjam und Edith Zeile.*

III. Wiedererleben und Verarbeiten in der Psychotherapie

Gerhard Scheffler

»Mir hat die Welt den eignen Weg gelassen«

Therapeutische Erfahrungen mit Kindern und Jugendlichen

Das wahre Leben kannst du nur erlangen,
indem du deine Geburt vollendest!
(aus einer alten Weisheitsgeschichte)

In der therapeutischen Praxis begegne ich Kindern und Jugendlichen, die in Phantasien und Spielen, in Gesprächen und Träumen immer wieder schmerzhaft an den Lebensbeginn oder ihre vorgeburtliche Lebenszeit zurückreisen müssen, um so mit Hilfe ihrer Selbstheilungskräfte seelische Verletzungen aufzuarbeiten. Ein tiefgreifender Heilungsprozeß erfordert eine Regression zu den Tiefenschichten, um dort die an seelische Wunden gebundene Energie zu befreien, damit ein altersgemäßes seelisch gesundes Leben möglich wird.
Der Schweizer Psychoanalytiker C.G. Jung schrieb einmal: »Die Kindheit ist nicht nur darum von Bedeutung, weil dort einige Instinktverkrüppelungen ihren Anfang genommen haben, sondern auch darum, weil dort jene weitausschauenden Träume und Bilder, welche ein ganzes Schicksal vorbereiten, erschreckend oder ermutigend vor die kindliche Seele treten ...«
In der therapeutischen Arbeit lassen Kinder und Jugendliche den Therapeuten in verschlüsselter Form über Spiel und Phantasien an ihren neurotischen Konflikten teilhaben, um sich gemeinsam mit ihm einen Weg aus den Konflikten zu bahnen. Diese Kinder sind im Verlauf ihres natürlichen Reifungsprozesses durch schwierige Lebenssituationen in ihrer Entwicklung behindert worden. Aufgabe der Therapie ist es, den Reifungsimpulsen zur Verwirklichung zu verhelfen. Es gilt, einfühlend auf die

verschiedenen Signale des Kindes oder Jugendlichen zu achten. Dabei zählt nicht allein etwa die Sprachfähigkeit, nein, auch die Körpersprache muß Beachtung finden.
Relativ gesunde Kinder können sich bei auftretenden seelischen Konfliktsituationen bei entsprechender Geborgenheit im Elternhaus und bei ausreichender Spielfähigkeit selbst »spielerisch« aus ihren inneren Nöten befreien. Das neurotische Kind aber bedarf einer Seelenbegleitung. Während Erwachsene sich freiwillig einer Analyse unterziehen, werden Kinder und Jugendliche in der Regel von ihren Eltern, Ärzten oder Lehrern zu einer Therapie überwiesen. Die Kinder sind sich in der Regel ihres Leidensdrucks nicht bewußt, denn sie haben aus Selbstschutz Mechanismen entwickelt, mit denen sie ihre seelische Not überspielen. Das kann z.B. eine psychomotorische Unruhe sein, eine depressive Reaktionsbereitschaft mit Rückzugstendenz oder Clownerie.
Im vertrauensvollen Umgang zwischen Therapeut und Kind oder Jugendlichem entwickeln die jungen Menschen allmählich den Mut, sich den oft grausamen und sie überwältigenden Gestaltungen ihrer Konflikte und Neurosen hinzugeben und sich intensiv mit ihnen im geborgenen Raum der Therapie auseinanderzusetzen.
Kinder und Jugendliche verdeutlichen uns in der Therapie mit ihren ernsten Spielen, bedrängenden Phantasien und belastenden Gesprächsinhalten ihre Hingabe an ein inneres Geschehen und lassen den Therapeuten teilhaben an der aktiven Gestaltung eines brennenden seelischen Konfliktes.
So kann sich ein Kind oder Jugendlicher durch eigene Kraft als Schöpfer und nicht als Opfer seiner Umwelt erleben.
In der Therapie erlebe ich immer wieder, daß Kinder und Jugendliche mit traumwandlerischer Sicherheit zu den Wurzeln des seelischen Schmerzes finden und sich produktiv mit ihren früheren traumatischen Erfahrungen auseinandersetzen. So nähern sie sich über szenische Gestaltungen oder über Phantasien ihren Konfliktfeldern, finden zu korrigierenden Erfahrungen und somit zu einem neuen

Lebensentwurf, einer seelischen Neugeburt. Voraussetzung für einen solch tiefgreifenden Prozeß hin zu einer seelischen Geburt ist die innere Offenheit und Bereitschaft eines Therapeuten, die autonomen Spielprozesse zu begleiten und ohne dogmatische Haltung in das symbolische Universum der Spiele und Phantasien einzutauchen, um letztlich so intuitiv das Geschehen zu erfassen.
In der Arbeit mit Kindern und Jugendlichen erfährt ein Therapeut, daß Kinder und Jugendliche ihren Gefühlen noch sehr nahe sind und nicht – wie oft bei Erwachsenen erfahrbar – mit einer intellektuellen Abwehr reagieren. Ihre seelische Durchlässigkeit und antreibende Entwicklungsdynamik läßt sie unbewußt immer wieder an ihrem Lebensbeginn anknüpfen, der nach meiner mehrjährigen Erfahrung mit pränataler Psychologie im vorgeburtlichen Raum liegt. Ob sich nun ein Therapeut im Spiel der Kinder oder in den freien Phantasien Jugendlicher von der Aktualisierung prä- und perinatalen Erlebens anmuten läßt, hängt von seinem inneren Standpunkt ebenso ab wie von seiner Bereitschaft und seinem Mut, sich auf einen tiefen Regressionsprozeß einzulassen.
Meine Beobachtungen zeigen, daß sich gerade die jungen Menschen, die schon im Mutterleib oder bei der Geburt und in der ersten Lebenszeit unterschiedlichen Risiken ausgeliefert waren, sich in einem tiefen Regressionsprozeß wieder symbolisch »selbst ans Licht« bringen können. Schreibe ich von Risiken am Lebensbeginn, so denke ich besonders an die unerwünschte Schwangerschaft, zwiespältige Einstellungen von Eltern oder emotionale Störungen von Müttern und Vätern. Das können Ehekonflikte sein, mangelnde Ablösung aus großfamiliären Bindungen, aber auch ein Unfall, der Tod eines geliebten Menschen, somit also wesentliche Ereignisse, die seelische Energien abziehen, die dann nicht dem Kind im Mutterleib oder dem Kleinkind zur Verfügung gestellt werden können (vgl. den Beitrag von Lüpke, S. 143).
Schon der antike Philosoph Aristoteles sagte einmal: »Schwangere Frauen sollen ihr Gemüt von Sorgen freihalten, denn das werdende Kind nimmt vieles von der tra-

genden Mutter an wie die Pflanze aus dem Erdreich, in der sie wurzelt.«

Eltern berichten aus der Lebensgeschichte ihrer Kinder sehr oft über Geburtskomplikationen wie der Steißlage des Kindes, Zangengeburt, Nabelschnurumschlingung, Kaiserschnitt oder Frühgeburt. Nach meinem Eindruck kommt es in Therapien dann zu vertieften symbolischen Begegnungen mit geburtstraumatischer Thematik, wenn die Bedingungen in der Schwangerschaft und bei der Geburt kompliziert waren, gleichzeitig aber auch ungünstige Verhältnisse in der frühen Lebenszeit vorlagen oder intrafamiliärer Konfliktstoff auch in späteren Lebensphasen belastend waren. Es muß aber auch erwähnt werden, daß nicht jedes Risiko aus der frühen Lebenszeit zu einer neurotischen Fehlentwicklung führen muß, denn eine liebevoll tragende und geborgenheitsspendende frühe Umwelt ermöglicht es, traumatisches Erleben zu integrieren.

Die in der therapeutischen Arbeit mit Kindern und Jugendlichen auftretenden Symptome verbinden sich häufig mit prä- und perinatalen Komplikationen. Lassen Sie mich einige Beispiele aufzeigen. Ein Achtzehnjähriger hat Angst vor plötzlicher innerer Leere, leidet unter dem Gefühl, daß er nicht konstruktiv handeln kann, wartet darauf, daß in seinem Leben etwas Entscheidendes geschehen soll. Aus seiner Biographie ist bekannt, daß bei ihm eine Kaiserschnitt-Vollnarkose-Geburt vorlag. So hatte er nicht die Chance, geboren zu werden, hatte somit seine eigene Geburt versäumt, dazu noch manche andere Traumen der Verlassenheit in den ersten Lebensjahren erleiden müssen, so daß er zwangsläufig auf etwas Entscheidendes warten mußte, nämlich auf seine Geburt. So fiel bei ihm im Laufe der Therapie immer wieder der Satz: »Wenn ich erst einmal geboren bin, dann ...!« Den Therapieraum bezeichnete er bei fortschreitender Therapie oft als »Dunkelkammer«, was symbolisch an den dunklen Mutterschoß denken läßt.

Eine Siebzehnjährige wurde mit einer Nabelschnurumschlingung geboren. Sie kam auf eigenen Wunsch zur Therapie, da sie an Atembeschwerden litt, die Ärzte aber keine Diagnose finden konnten. Bei Freundschaften mit

jungen Männern fühlte sie sich sehr bald »eingeschnürt«, mußte die Beziehungen abbrechen, da sie einfach zu viel Angst vor Nähe entwickelt hatte. Bis heute hat ihr die Nabelschnurumschlingung den Atem genommen.
Als letztes Beispiel soll noch ein Siebenjähriger zu Wort kommen. Er leidet an Trennungsangst, kann plötzliche Änderungen in seinem Leben wie den Schulbeginn nicht verkraften, mag am liebsten sein Zimmer, seine »Urhöhle« nicht verlassen, flüchtet sich auf großen Plätzen gern an die Hand von Mutter oder Vater. Die Eltern berichten von einer Frühgeburt und mangelnd durchlaufenen Entwicklungsstadien. »Er war immer hintendran«, so nennt es die Mutter. Ich erlebe in der therapeutischen Situation mit, daß dieser Junge zu früh aus »dem Nest geworfen« wurde, daß er sich aus dem ›Paradies‹ vertrieben fühlte und noch heute mit seinen Rückzugstendenzen versucht, den nicht ausreichend erlebten bergenden Mutterschoß sich selbst in seinem Zimmer zu schaffen.
Die Beispiele mögen zeigen, wie stark Risiken aus der frühesten Lebenszeit ein Leben lang nachwirken können, wenn sie nicht seelisch verarbeitet werden konnten. Aber Kindern und Jugendlichen stehen noch leichter als Erwachsenen vielfältige Gestaltungsmöglichkeiten offen, um sich ihrem von Risiken belasteten Lebensbeginn wieder annähern zu können, um sich dann über eine Reinszenierung früher leidvoller Erfahrungen zu befreien. Es gibt fast klassische Symbolspiele, die Kinder immer wieder nutzen.

Babyspiele

In meinem Therapieraum wenden sich Kinder gern dem Puppenhaus zu, spielen zunächst Familie und schaffen sich damit für ihren Nachreifungsprozeß einen sichernden Rahmen. Das Therapiezimmer wird dann zu einem bergenden Mutterschoß. Es folgen dann intensive Babyspiele, eine Babysprache wird entwickelt, Babyflaschen benutzt, um sich wirklich als Baby erleben zu können. Oft muß vom Therapeuten auch das Zimmer noch verdunkelt wer-

den. Bisweilen muß er mit Kindern auch in engem Körperkontakt auf dem Boden liegen. »Das muß jetzt ganz echt sein!«, sagte einmal eine Siebenjährige.
Über eine Folge solcher Spiele finden Kinder allmählich zu ihrer seelischen Neugeburt.

Bauernhofspiele

Über die Beschäftigung mit naturnahen Themen finden andere Kinder ihren Weg zu den Spielen mit dem Bauernhof. Über Stute mit Fohlen, Kuh mit Kalb, Huhn mit Küken oder Schwein mit Ferkel nähern sie sich ihren traumatischen Früherfahrungen. Insbesondere Schweine und Ferkel sind hilfreiche »Geburtswesen«. Das Schwein, die Muttersau, wird emotional als Uterustier erlebt, dicke Schweine immer wieder als trächtig ausphantasiert. Gemeinsam mit den Kindern wird ausgesponnen, wie sich das Ferkel wohl im Mutterleib erlebt haben mag.

Freies Malen

Über bildnerische Gestaltungen finden Kinder, aber auch Jugendliche immer wieder zu vorgeburtlichen Inszenierungen. Häufig entstehen uterusähnliche Gebilde oder auch Labyrinthbilder.
Kinder »wissen« in ihrem Unbewußten, daß das Labyrinth dem Leib der »Erdmutter« entspricht und daß das Eindringen in ein Labyrinth (oder auch eine Höhle) einer mystischen Rückkehr zur Mutter gleichkommt.
(Diese Einsichten verdanke ich dem Religionsphilosophen Mircea Eliade.)

Sprache

Bei Jugendlichen, die in ihrem therapeutischen Prozeß »ihre Geburt zu sich selbst« (Rousseau) leisten wollen, lassen sich über Gedichte, Träume oder Phantasien die Annäherungen an frühe seelische Narben nachvollziehen. Ein Sechzehnjähriger dichtet zu Beginn der Therapie:

»Der letzte Sonnenstrahl hat sich zurückgezogen,
Die Nacht bricht an und wird kein Ende haben,
Was bleibt, ist nur der Tod.«

Gegen Ende der Therapie findet er zu den Worten:

»Da mir die Welt den eignen Weg gelassen,
werd ich zum Angedenken
die Welt mit einem neuen Ziel beschenken.«

Ein Dreizehnjähriger berichtet in den ersten therapeutischen Sitzungen einen Traum: »Da ist ein langer Tunnel, ich bin reingelaufen, ab und zu war Licht da. Plötzlich überfällt mich eine große Angst, ich kann nicht mehr frei atmen.« Wochen später dichtet er:

»Dieser kleine J. ist in den Mist gekrochen,
größtenteils gezwungen ist er hineingedrungen,
trotz seiner Supernase,
noch ist er ein Angsthase.«

In Phantasien von Jugendlichen finden sich immer wieder Heldenkämpfe, in denen sie sich von Schlangen und Drachen befreien müssen, so den Versuch unternehmen, über Reinszenierung früherer Erlebnisse den Weg zu sich selbst zu finden.

Um eine lebendige Einsicht in eine psychotherapeutische Behandlungssituation zu geben, möchte ich Sie nun einladen, mit mir den sechsjährigen Hans auf seiner Regressionsreise in den Mutterschoß sowie bei seiner Inszenierung der seelischen Wiedergeburt zu begleiten. Wie bei einer Geburt, die sich in mehreren Phasen vollzieht und somit nicht nur ein Erlebnis, sondern eine Erlebnisfolge ist, so können wir bei Hans nachvollziehen, wie er in acht Höhlenspielen sein Geburtserleben darstellte.

Hans wurde auf Anraten seines Kinderarztes von den Eltern vorgestellt. Sie beklagten seine hohe Trennungsängstlichkeit, seine Weinerlichkeit, sein Regredieren zur Babysprache und sein Verstecken von Nahrung in den vier Ecken seines Zimmers. Hans ist der zweitgeborene Zwilling einer erstgebärenden Mutter gewesen, die nicht auf eine Zwillingsgeburt vorbereitet gewesen war, für die Hans während der Schwangerschaft also gar nicht existent war. »Keiner hatte ihn entdeckt«, meinte die Mutter und machte dem Arzt schwere Vorwürfe. Hans wurde mit knapp acht Monaten vier Stunden nach seinem Bruder geboren. Originalton der Mutter im Gespräch: »Da hatte sich noch ein Zweiter in der Ecke versteckt!« Hans mußte wegen kurzfristigem Atemstillstand und anhaltenden Atembeschwerden noch drei Wochen zur intensiven Beobachtung in der Klinik bleiben. Diese wenigen Angaben aus seiner Lebensgeschichte sollen ausreichen.

Nach etwa vier Monaten Therapie fand Hans zu Höhlenspielen, die ihn in seine Tiefenregression führten. Er baute Höhlen so stabil wie Burgen. Insgesamt kam es innerhalb von vier Wochen zu acht solchen Höhlenspielen.

Erstes Höhlenspiel: Hans baut mit großem Eifer aus Sesseln, Stühlen und Decken eine Höhle, kontrolliert deren Haltbarkeit, kriecht hinein, beauftragt mich, ihn zu suchen, wobei ich ihn aber nicht finden dürfe, da er sich »in der letzten Ecke seiner Höhle versteckt habe.« Als Nahrung muß ich ihm mit langem Arm Gummibärchen in die dunkle Höhle reichen, die er dann aus meiner offenen Hand ißt. Während des Geschehens muß ich ihm immerzu bestätigen, daß ich ihn suche. Ich muß weinen, weil ich ihn nicht finden kann.

Die weiteren vier Höhlenspiele laufen in ähnlicher Form ab, aber werden noch intensiver gestaltet, dauern zeitlich auch viel länger.

Am Ende des ca. vierzigminütigen fünften Höhlenspiels darf ich ihn finden, indem er mir erlaubt, ihn auf der Decke mit meiner Hand zu erspüren. Ich freue mich sehr, darf ihn aber auf seine Anweisung hin noch nicht aus der Höhle befreien.

Sechstes und siebtes Höhlenspiel: Nach intensivem Höhlenbau mit vielen Sicherheitsmaßnahmen kriecht Hans in die Höhle. Ich muß auf seine Anweisung hin das

Zimmer verdunkeln. Nach einer Weile muß ich ihm eine kleine Lampe in die Höhle legen, die er sofort einschaltet.
Im siebten Höhlenspiel, nach dem Bau der Höhle, wird diese sofort mit der Lampe erleuchtet, während das Zimmer wieder verdunkelt wird. Dann erhalte ich den Befehl, daß ich ihm Eisenbahnschienen an den Höhleneingang legen muß, dazu noch eine Lok mit drei Anhängern. Er baut sodann eine Gleisanlage bis zum Höhlenausgang, läßt den Zug darauf fahren.
Achtes und letztes Höhlenspiel: Erneut wird eine Gleisanlage in der Höhle gebaut, aber die Schienen reichen nun über den Höhlenausgang hinaus, er läßt den Zug aus der Höhle fahren.
Danach gibt er mir mit leiser Stimme die Anweisung: »Du mußt mich jetzt ganz langsam und vorsichtig aus der Höhle herausziehen!«
Sein Geburtsakt erfolgt mit meiner Hilfe. Danach legt er sich erschöpft in den Sessel, ich muß ihm zu essen und zu trinken bringen. Ich muß ihn stillen. Er hat seine Geburt geleistet.
Im Verlauf der weiteren Therapie ging er viele Stunden ans Werk, um seine schöpferischen seelischen und geistigen Kräfte zu entfalten.
Auf der Welt angekommen, war seine nächste intensive Spielsequenz die Beschäftigung mit der Eisenbahn. Er erstellte mächtige Gleisanlagen, ließ die Lok in alle Verzweigungen dieser Anlage fahren, um somit symbolisch zu sagen, daß er nun fähig geworden war, seine Energie in alle Richtungen zu verströmen. Mit Macht und starkem Willen wandte er sich konstruktiven Spielen zu. Er baute aus Legosteinen »sein Haus« und errichtete einen Turm, auf den er sich stellte – Ausdruck seines neu gewonnenen Überblicks.
In weiteren Spielen setzte er sich mit den Elementen auseinander. Er ließ Schiffe auf dem Meer fahren, spielte im Sand, baute einen Bauernhof und beobachtete am Fluß die Möwen und phantasierte sich aus, wo diese hinfliegen könnten.
Seine Selbstgeburt konnte ich nur demütig und staunend

begleiten. Ich erinnerte mich, was der Psychoanalytiker Rene Spitz 1967 in seinem Werk »Vom Säugling zum Kleinkind« schrieb: »Eine hohe Verantwortung übernimmt der, der dem Kind begegnet. Mit nachtwandlerischer Sicherheit, wahrnehmend über die Sinnesorgane, spielend und tastend erobert es sich zuerst die eigenen Körperformen und später, von diesem Ursprung her, die Formen der Welt.
Geräusch, Ton und Wort – aber auch Licht und Farbe und Gegenstand als Erfahrung der Umwelt, Bewegung und Dynamik als eigenerlebter Lebensimpuls – all dies stürzt als schöpferisch-geistige Vollzugsmöglichkeit in das Spiel, das große Erprobungs- und Ausdrucksfeld der kindlichen Seele.«
Als Begleiter solch tiefer Prozesse danke ich all den jungen Menschen, die mich vertrauensvoll auf ihre Reise an den Anfang mitgenommen haben. Ich schließe mit einem Wort von C. G. Jung, das im Vorwort des Buches »Analyse der Kinderseele« von F. G. Wickes geschrieben steht: »Wenn wir es mit der menschlichen Seele zu tun haben, können wir ihr nur auf ihrem eigenen Grund und Boden begegnen, und das haben wir zu tun, wenn wir den wirklichen und überwältigenden Problemen des Lebens gegenübergestellt sind.«

Literatur

Jürgens, H., Vollende deine Geburt. Innsbruck 1994.
Jung, C.G., Über die Energetik der Seele. Olten 1928.
Wickes, F.G., Analyse der Kinderseele. Zürich 1969.

Barbara Friedrich

Riß in der Beziehung

Warum Kinder zu früh geboren werden

Die Lebensgeschichten Frühgeborener weisen oft bereits vor der Geburt deutliche Störungen oder Brüche in der Beziehung zu ihren Eltern auf und bilden die Grundkonfiguration des Kindes. Psychische Dramen auf der Lebensbühne der Eltern wirken weit in das beginnende Leben hinein. Sie prägen die Art der Beziehung zwischen ihm und seinen Eltern. Es scheint, als sei diesen Kindern der Aufenthalt in utero vergällt worden, als sei der Mutterleib zu wenig bergend für sie gewesen, zu bedrohlich gar. Das Nervensystem des ungeborenen Kindes ist so weit ausgebildet, daß es physisch in er Lage ist, die Verzweiflung der Mutter, ihre Ängste oder unbewußten Austreibungswünsche wahrzunehmen.
Die Ungeborenen reifen nicht abgekapselt dem Leben außerhalb des Mutterleibs entgegen. Sie erleben, was die Mutter erlebt. Sie nehmen die Gefühle wahr, Angst, Schrecken, Verwirrung, Wut oder was auch immer – zum Beispiel über hormonelle Veränderungen im Blut der Mutter, über Veränderungen der mütterlichen Bewegungsqualitäten, über Veränderungen der Stimmen und Geräusche, Veränderungen der Lebensrhythmen usw. Gravierende Ereignisse im Leben und Erleben der Mutter haben Folgen für das Kind (vgl. der Beitrag Levend, S. 152).
Die Kinder, die von ihren Müttern oder Eltern zu mir in die Therapie geschickt wurden, waren nicht therapiebedürftig, weil sie zu früh zur Welt gekommen waren. Der zu frühen Geburt ging immer eine vorgeburtliche Geschichte der Eltern voraus. So war es auch bei Jonas, über den ich hier erzählen werde. Ich werde Jonas' Geschichte chronologisch vortragen, aber natürlich war es so, daß diese ›fertige‹ Geschichte erst im Laufe der Therapie wie ein Puzzle zusammengesetzt werden konnte.

Jonas' Eltern bekamen ihr erstes Kind, ein Mädchen. Es wurde durch Sauerstoffmangel tot geboren. Nach der Reanimation war es schwerst behindert. »Sie konnte nicht mal schreien«, sagte die Mutter, »kaum richtig trinken.« Auf den Wunsch der Eltern hin wurde das Mädchen nach ein paar Wochen aus der Klinik entlassen und von da an daheim mit einem ungeheuren Aufwand gepflegt.

In dieser belastenden und deprimierenden Situation wünschten sich die Eltern ein gesundes Kind. Ein wenig lachende Lebendigkeit als Beweis dafür, daß sie in der Lage seien, auch etwas Gesundes und Schönes ins Leben zu bringen, und als Trost und zur Ermunterung, damit die Mutter die Pflege des Mädchens überhaupt ertragen konnte.

Ein Jahr später wurde Jonas in der 33. Schwangerschaftswoche nach einem vorzeitigen Blasensprung per Kaiserschnitt geboren. Er hatte den elterlichen Auftrag, unter allen Umständen ein gesundes und fröhliches Kind zu sein, um ihnen eine »richtige« Elternschaft zu ermöglichen und den »Makel« des behinderten Kindes und die narzißtische Kränkung quasi ungeschehen zu machen. Er war als Retter ausersehen, als Ersatz- oder Entschädigungskind.

Man könnte hier phantasieren: Jonas flüchtete unter dem Erwartungsdruck der Eltern aus dem Mutterleib, flüchtete vor dem Trommelfeuer der Emotionen ins Leben.

Kaum auf der Welt, wurde Jonas mit einer Neugeborenen-Gelbsucht in eine Kinderklinik gebracht. Die Mutter sah ihn erst eine Woche später. Sie fütterte ihn täglich, aber, so klagte sie: »Schon da war ein Riß in der Beziehung. Jonas verweigerte die Brust – und ich spürte keine warme Beziehung zu ihm.« Jonas war kein schmusiger Säugling, sondern strebte eher von der Mutter weg. Das erlebte Frau S. als Zurückweisung und Kränkung – aber auch als eine Art verdiente Strafe für ihr vermutetes mütterliches Unzureichend-Sein. Jonas brüllte viel. Er brüllte, um wahrgenommen zu werden neben seiner Schwester, die so viel Aufmerksamkeit brauchte – aber er erreichte das Gegenteil. Da jedes laute Geräusch die Schwester störte, wuchs der Groll der Eltern über diesen »unmöglichen« Jungen. Er

war alles andere als das ersehnte Lächeln am elterlichen Horizont. Er konnte die ihm zugedachte Rolle und Funktion – seine Existenzbegründung – nicht annehmen. Auch der Vater hatte sich sehr bald voller Enttäuschung von Jonas abgewandt – er konnte mit ihm nichts anfangen.
Mit sechs Wochen wurde Jonas stationär wegen eines Leistenbruchs behandelt. Der Riß zwischen Eltern und Kind vertiefte sich weiter.
Als Jonas neun Monate alt war, starb die Schwester. Von da an sei er immer auffälliger und schwieriger geworden, erzählen die Eltern. Möglich, daß jetzt der Grund für Jonas' Existenz fehlte. Sicher ist, daß die Eltern zwischen Trauer, Erleichterung und Schuldgefühlen schwankten. Aber sie konnten sich nicht frei machen von dem vorwurfsvollen Gedanken – nach all den Enttäuschungen, nach so viel Bitterkeit könnte Jonas doch wenigstens jetzt der ersehnte Sonnenschein sein.
Das emotionale Chaos wurde mit einer weiteren Schwangerschaft zugedeckt. Als Jonas knapp zwei Jahre alt war, bekam er einen Bruder. Jonas reagierte mit großem Neid und Eifersucht. Seine stets präsente und real begründete Angst vor Beziehungsverlust nahm in dem neuen Baby Gestalt an. Jonas machte diese Angst und die erlebten Verlassenheitstraumata am realen Bruder fest: hier hatten sie ein Gesicht und einen Namen: Markus!
Markus war ein knitzes, fröhliches Kerlchen. Er konnte so sein, wie Jonas hätte sein sollen. Markus wurde der Sonnenschein des Vaters. Jonas flüchtete sich in eine allumfassende Verweigerungshaltung. Er agierte aktiv aus, was er passiv erlitt. Er lehnte alles und jeden rigoros ab – so wie er sich abgelehnt fühlte. Die Eltern gingen mit autoritärer Haltung dagegen an. Zum Teil gab er die Verweigerungshaltung auf und schluckte sein Nein, seine Wut und Eifersucht in sich hinein.
Mit zweieinhalb Jahren fuhr er in einem Wutanfall absichtlich mit seinem Tretauto eine Treppe hinunter. Er verletzte sich Gott sei Dank nicht schwer. Dieser selbst verursachte Unfall gibt zu denken. Er könnte als kindlicher Selbstmordversuch verstanden werden: Das Kind wollte so nicht

mehr leben. Auch andere Varianten wären denkbar, die im Zusammenhang zu sehen sind. Jonas wollte sich verletzen. Als verletztes Kind, so mag er gehofft haben, wird er von seiner Mutter und vom Vater all die Aufmerksamkeit bekommen, die sie früher seiner behinderten Schwester entgegen gebracht hatten. Vielleicht glaubte er aber auch, sich dafür bestrafen zu müssen, daß er nicht so war, wie er sein sollte, wie seine Eltern ihn haben wollten, denn sonst könnten die Eltern ihn doch lieben. Und wenn seine Eltern ihn nicht lieben konnten, dann war es seine Schuld. Die Enttäuschung und die Wut, nicht geliebt zu werden als der, der er nun einmal war, richtete Jonas gegen sich selbst.
Als Jonas in den Kindergarten kam, fiel er durch sein aggressives Verhalten im Spiel auf. Die anderen Kinder mochten ihn nicht. »Er war isoliert«, berichtet die Mutter. Das ging so weit, daß die Mütter ihren Kindern verboten, mit ihm zu spielen. Seine soziale Isolation trat immer deutlicher hervor. Diese Isolation hatte nicht erst mit seinen Unarten begonnen. Sie hatte begonnen mit der Einsamkeit der Eltern nach der Geburt ihres ersten, kranken Kindes. Die Eltern erlebten sich sozial isoliert, sowohl in ihrem Umfeld als auch in ihrer Paarbeziehung. Sie hatten einander nicht mehr viel zu sagen. Jonas, der erhoffte Retter, hatte versagt. Mutter und Kind hatten durch die Umstände seiner Geburt »den Anschluß verpaßt«, sie hatten einander verfehlt. Mutter und Vater konnten ihre Elternrolle nicht erfüllen.
Im Kindergartenalter bekam Jonas regelmäßig nächtliche Krupp-Husten-Anfälle, unabhängig von Jahreszeit und Klima. Es waren seine Botschaften und Hilferufe: »Ich kriege keine Luft mehr – ich kann so nicht leben!«
Im Alter von sechs Jahren bekam Jonas noch eine kleine Schwester. Die Familienbeziehungen drohten nun völlig zu entgleisen. In dieser Situation lernte ich Jonas und seine Eltern kennen. Ihr Sorgenkind schilderte mir Frau S. als ein kleines Monster, dessen wildwuchernde Größenphantasien im Spiel immer auf Zerstörung hinausliefen. »Jedes Spiel kippt ins Chaos um.« Im Spiel ist ihr Kind mal Räuber oder Polizist, in jedem Fall ist er der Anführer oder

Bestimmer, als wolle er sicherstellen, nicht der Willkür anderer preisgegeben zu sein.
Jonas ist ganz anders, als ich ihn mir nach den Schilderungen der Mutter vorgestellt habe. Er ist ein hübscher braunlockiger Junge, der sich mit seinen sechs Jahren den natürlichen Charme eines Fünfjährigen bewahrt hat. Er strahlt etwas Begeisterndes aus. Ohne Scheu, jedoch nicht distanzlos, beginnt er unsere erste gemeinsame Stunde: »Soll ich sagen, was wir sollen?« Als ob es kein Mögen gäbe, sondern nur ein Sollen. Diese Haltung entspricht seinem In-der-Welt-Sein. Er soll sein und er soll auf eine bestimmte Weise sein. Wie er ist und was er möchte – all das ist zweitrangig.
Schon in der ersten Stunde spricht er darüber, daß er nun doch noch nicht in die Schule gehen muß. »Das ganze Lesen, Schreiben und Rechnen – das traue ich mich noch gar nicht.« Auf einer sehr bewußtseinsnahen Ebene »weiß« er: Etwas stimmt nicht mit ihm.
Als erstes möchte er ein Buch vorgelesen bekommen. Zielstrebig greift er zu einem Bilderbuch, das er noch nicht kennt und das doch eines seiner wichtigsten Themen berührt: Es handelt vom Tod eines kleinen Jungen, von der Beerdigung, von der Trauer seiner Freundin und vom allmählichen Wiederbeginn des Lebens (W. Oyen, M. Kaldhol: Abschied von Rune). »Meine Schwester ist gestorben«, sagt er. »Die war ganz arg krank.« – »Ja«, sage ich, »das war sehr traurig damals. Aber du bist gesund und du lebst – und das ist gut so.« – Im Laufe der Therapie lesen wir noch ein paarmal dieses Buch. Leben und sterben und weiterleben dürfen – jedesmal beleuchten wir einen anderen Aspekt seiner Erfahrungen.
Typisch sind seine Bilder, die er zu Beginn der Therapie im Sandkasten aufstellt. Ein Indianerdorf. Indianerzelte. Pferde und ein paar andere Tiere gibt es dort, auch einen Schäfer. Der ist als einziger Mensch »friedlich« in Aussehen und Haltung. Alle anderen, die hinzukommen, kämpfen: Indianer, Cowboys, Ritter und Soldaten – alle kämpfenden Figuren, die ich überhaupt habe. Bald wird das Kämpfen der Männer chaotisch, dann rücken Dinosaurier

an, »die machen alles kaputt – die anderen Tiere, die Menschen, das ganze Land«; machen könne man gar nichts dagegen. Dabei breitet sich im Raum eine dumpf-verzweifelte Hilflosigkeit aus, die kaum auszuhalten ist.
Das Indianerdorf ist seine Vision von »heilem« und geschütztem Leben. Es ist Ausdruck seiner Wünsche nach Geborgenheit, nach konstanter Beziehung, nach einem eigenen Platz in der Welt. Er sieht bei seinem kleinen Bruder, daß es so etwas geben kann – nur hat Jonas diesen Ort bislang verpaßt. Der Schäfer ist für ihn ein schutzbietender Lebensbewahrer und behütender Wächter – Wunschbild einer guten Elternfigur und Ausdruck seiner frühen Bedürfnisse nach Nähe und Geborgenheit. Aber – der Schäfer ist machtlos gegen das anbrandende Chaos, das in Vernichtung endet. In Jonas' Vorstellungswelt gibt es keinen Frieden. In seinem Erleben herrscht Mangel, und die Folge ist eine verheerende narzißtische Wut. Es geht um Lebensberechtigung versus Vernichtung (vgl. den Beitrag Scheffler, S. 81).
In vielen Stunden breitet Jonas sein Thema vor mir aus. Er ist ein wüster Verbrecher, der Menschen erschießt, erschlägt, ersäuft, aussetzt, verhungern und verdursten läßt, niederbrüllt, ausraubt – er beherrscht ein unglaubliches Repertoire an Grausamkeiten. In dieser Zeit greift er mich oft real an, so daß ich mich schützen muß. Notdürftig versucht er dann, dem Geschehen etwas Spielerisch-Leichtes überzustülpen – als wolle er mögliches Unheil durch Harmlosigkeit verhüten. Das unglaubliche Tempo der Spielsequenzen, der unüberschaubare und abrupte Wechsel von Personen und Handlungen und die Eruptionen seiner Einfälle stürzen mich selbst in einen emotionalen Dschungel. Dinge sind völlig ungeordnet und unstrukturiert: Wer ist böse? Wer ist gut? Auf wen kann man sich verlassen? Der Helfer fällt einem plötzlich in den Rücken. Ich lerne Jonas' Innenwelt kennen, in der es keine sichere Geborgenheit gibt, sondern psychischen Hunger, Gier, Enttäuschung, Wut und Angst vor Vernichtung.
Ein immer wiederkehrendes Motiv ist, daß Jonas sich »rücksichtslos« selbst versorgen muß. Dabei raubt er mich

im Spiel aus, bringt mich um, um an mein Geld zu kommen. Einmal setzt er mich auf einer einsamen Insel aus, nimmt mir mein letztes Butterbrot weg, erschießt mich, als ich um etwas Essen als Vorrat bitte. Dann sagt er: »Und jetzt wärst du wieder lebendig«, aber er rudert übers Meer davon, höhnisch lachend.

Ich sitze »in echt« auf einem Kissen auf dem Teppichboden, dennoch spüre ich eine unbeschreibliche Angst, und ich denke an Bilder, wie sie oft von Frühgeborenen »gesehen« werden, wenn sie ihr Lebensgefühl beschreiben: Ein Astronaut im All, dessen Verbindungsschläuche zum Raumschiff (Nabelschnur!) abgerissen sind und der nun verbindungslos, berührungslos durch die finsteren Weiten des Alls trudelt – wenn es nicht irgendwem gelingt, ihn einzuholen und wieder anzukoppeln.

Jonas' Selbsterhaltungskräfte sind stark, er gibt nicht auf, holt sich, was er braucht. Die Spielsequenzen zeigen, daß seine vitalen Kräfte vorhanden sind. Sie sind einerseits erwünscht – entsprechend dem elterlichen Auftrag. Sie sind aber auch etwas Böses, etwas »Verbrecherisches«. Es scheint für ihn etwas wie »Schuld des Überlebens« zu geben. Er kann mit seinen vitalen Kräften nicht konstruktiv umgehen. Die stürmischen aggressiven Spiele werden unterbrochen von Stunden, in denen Jonas die Feuerwehr aufbaut, ruhig und sorgfältig. Dabei gibt er unablässig Sirenengeräusche von sich oder macht Lautsprecherdurchsagen. Ich erlebe mich dabei als völlig fremd und distanziert. Daß es irgendwo brennt, daß da Hilfe gebraucht wird, kommt bei mir nicht an. Nur langsam verstehe ich die Situation als Wiederholung seiner frühen Erfahrung, daß ihm nur sehr distanzierte Anteilnahme zukam. Die Möglichkeit, affektive Zustände und subjektive Befindlichkeiten mit den Eltern zu teilen, war für ihn kaum gegeben. Erst mit diesem Verstehen kann ich besser auf seine »Lautsprecher-Durchsagen« antworten. Es entspinnen sich Dialoge zwischen Helfer (Feuerwehr-Jonas) und Opfern eines Großbrands. Mitteilungen sind möglich: Sich-Äußern und Gehört-Werden, Wahrgenommen-Werden. Eine Tür öffnet sich!

Auf einem Hocker steht ein hohes Haus. »Es brennt«, ruft er mir zu, »du siehst das jetzt, du mußt jetzt die Feuerwehr rufen. Das bin ich. Du hast Angst!« – Ich greife zum Telefon und rufe 112. »Hier ist die Feuerwehr. Was wollen Sie?« – »Oh bitte, kommen Sie schnell, hier brennt es im Haus!« – »Ja, wir kommen sofort, keine Sorge. Sind Menschen verletzt?« – (Ich schaue ihn rasch »neben« dem Spiel fragend an, er nickt.) »Ja, ich glaube einige. Sie sind eingeschlossen in den Häusern, die sitzen im Rauch fest! Die schreien. Wir wollen weg hier! Ich habe Angst, ich will auch weg! Bitte kommen Sie schnell!!« – »Ja, wir kommen ganz schnell, keine Angst. Ist sonst noch was wichtig? Haben Sie Feuerlöscher? Nehmen Sie die schon mal, das hilft. – Brauchen Sie Krankenwagen? Ärzte? – Wir schicken gleich alle los. Bleiben Sie da und passen Sie auf!«
Während ich aufgeregt bin, bemüht er sich um eine beruhigende, gleichwohl eilig-berufsmäßige Haltung. Mit Tatütata braust er im Feuerwehrwagen an, teilt seine Männer ein, auch mich: »Machen Sie schnell den Schlauch da fest« (am Hydranten), »und passen Sie auf, daß er nicht abgeht. – Wo sind die Menschen im Haus? – Können sie über die Brücke da hinten weggebracht werden? Ach Gott, die ist verbrannt, die können wir nur noch sprengen.« – »Was kann man denn bloß tun ... wir müssen doch den Krankenwagen irgendwo fahren lassen?« – »Ja, ja ... Regeln Sie mal den Verkehr! Leiten Sie den um, zurück ... So ... Jetzt kann der Krankenwagen hierher ...«
Diese Dialoge sind Ausgangspunkt für etwas Neues: Jonas möchte wieder, daß ich ihm etwas vorlese, und zwar Grimms Märchen. Er »säuft« die Märchen mit den Ohren. Er sagt, er bewahre sie in sich auf, dann habe er sie, wenn ihm mal langweilig sei. Die Märchen und der Vorgang des Vorlesens, bei dem er mir gegenüber sitzt und mich unablässig anschaut, sind psychische Nahrungsvorräte, von denen er außerhalb der Stunden zehrt. Die Langeweile umschreibt die Zeiten, in denen er seine Mängel empfindet und unter ihnen leidet. Die Märchen helfen ihm beim Strukturieren seiner Innenwelt. Nun werden auch seine Sandbilder, die Indianer-, Ritter- und Cowboykämpfe ge-

ordneter. Sie sind nicht mehr erschlagend, nicht mehr von archaischer Destruktivität. In seinen Sandbildern tauchen neben dem Schäfer auch Schafe auf, Bauernhof-Tiere, Bäume und Zäune, die verschiedene Gehege voneinander abgrenzen. Nach eindreiviertel Jahren Therapie zeichnet sich das Ende unseres gemeinsamen Weges ab.

Nachbemerkung

Am Nikolausabend kurz vor dem Ende der Therapie stellte Jonas seine Stiefel vor die Haustür, sauber geputzt. »Weil der Nikolaus doch so einen weiten Weg hat und sicher hungrig ist«, legte er ein gut verpacktes Vesper für den Heiligen dazu. Dann ist er kurz vor dem Schlafengehen noch einmal hinausgehuscht, um auch noch eine Flasche Bier und einen Flaschenöffner dazuzustellen, wie er mir erzählte. Herr S., der abends beim Heimkommen die sorgsam hergerichteten Dinge vorfindet, ist gerührt, hat er doch die Botschaft verstanden: Er wird willkommen geheißen von einem kleinen Jungen, der sich liebevoll einfühlen kann in einen Vater/Nikolaus, der nach langem Arbeitstag erwartet wird ...
Der Riß in der Beziehung begann sich zu schließen.

Es wäre schön, wenn alle die Kinder, die unter ihrem vorzeitigen In-die-Welt-geworfen-Sein und den Folgen der vorangegangenen Dramen leiden, rechtzeitig Hilfe erführen. Es wäre vieles gewonnen, viel Kummer, viele Schwierigkeiten blieben den Betroffenen erspart, wenn sie den Mut aufbrächten, ihre Geschichte noch einmal anzusehen, wenn sie die schlimmen Gefühle ihres Anfangs noch einmal mit therapeutischer Begleitung zulassen könnten.

Roswita Huber

Annas Geschichte

Beziehungsaufträge der Eltern an das ungeborene Kind

Schon in der Schwangerschaft werden wesentliche Elemente der Beziehung zwischen den Eltern und dem Kind angelegt. Die Gefühle der Eltern werden von dem Kind »verstanden« und beeinflussen sein Lebensgefühl. In diesem basalen Gefühl können Aufträge der Eltern enthalten sein, die zwar sprachlich nicht verfügbar, aber dennoch für die Gestaltung des späteren eigenen Lebens bis ins Erwachsenenalter hochverbindlich und belastend sind. In der Therapie können intrauterine Erlebnisse und Aufträge wiedergefunden und mit dem Klienten gedeutet werden. Der Klient kann entscheiden, ob er weiterhin an diesen Aufträgen festhält oder versuchen will, sie aufzugeben. Der Widerstand, sich von diesen grundlegenden Aufträgen zu lösen, ist mit existentiellen Ängsten verbunden und darf nicht unterschätzt werden. In der Regel sind die Erinnerungen diffus und finden in symbolischen Bildern oder Körpergefühlen ihren Ausdruck. Das macht die therapeutische Situation kompliziert und schwierig. Gerade eine Deutung durch den Therapeuten kann das Wiedererkannte beim Klienten als wieder nicht erlaubt in Frage stellen. Soweit meine Erfahrungen aus der therapeutischen Arbeit mit Anna, deren Geschichte ich hier in Auszügen wiedergebe.

Anna suchte mich mit 38 Jahren auf, weil sie das Gefühl hatte, »nicht mehr weiter zu können«. Sie wisse nicht, wozu sie lebe, und fürchte, sich mit 50 Jahren wie ihre Mutter umzubringen, wenn sie nicht einen anderen Zugang zum Leben fände.

Vorausgegangen war eine einjährige Gruppenbehandlung, gesprächs-therapeutisch orientiert mit gelegentlichen Körperübungen, wie z.B. folgender: sich mit geschlossenen Augen nach hinten fallen zu lassen, im Vertrauen darauf, aufgefangen zu werden. Solche Übungen wie auch jede – noch so tröstend gemeinte – Berührung ängstigten Anna. Sie suchte dann – in Absprache mit der Gruppenpsychotherapeutin – eine Analyse, weil sie zum einen eine Einzelarbeit wünschte, zum anderen das analytische Setting eine Sicherung gegen jede Form von Berührung versprach.

Zu Beginn unserer Arbeit berichtete Anna viel von ihrem Grundgefühl, »falsch zu sein, keinen wirklichen Platz auf der Erde zu haben, nicht zu wissen, wozu sie auf der Welt sei«. Dabei stand Anna im äußeren Leben durchaus ihre Frau. Sie hatte einen Beruf, den sie zu Beginn der Analyse noch nicht wieder ausübte, und versorgte ihre Familie mit drei Kindern und einen beruflich sehr belasteten Mann, der genau wie die Kinder viel Versorgung von ihr annahm und auch verlangte.

Anna war eine ganz zierliche, eher kleine Frau mit großen kindlichen Augen und einem mädchenhaften Haarschnitt. Sie bewegte sich behutsam und leise. Ich kann mich bis heute nicht besinnen, jemals ihren Schritt gehört zu haben. Auch in Sprache, Mimik und Gestik war eine ständig wachsame Ausrichtung auf mich als Gesprächspartnerin zu merken, der sie die Wünsche von den Augen ablas.

Trotz exzellenter Schulbildung und einem – wenn auch unterhalb ihrer Begabungsmöglichkeiten – erlernten Beruf war Annas Selbstwertgefühl »null bis negativ«. Sie überschlug und erschöpfte sich im Bemühen, anderen gefällig zu sein, ohne daß ihre offensichtliche Beliebtheit sie innerlich erreichen konnte.

Sie fühlte sich abhängig und allein existenzunfähig. Dazu vermutete sie in ihrem Inneren verborgen ein gefährliches, stacheliges Ungeheuer, vor dem sie mich ausdrücklich warnte. Sie müsse alles daransetzen, daß es sich nicht zeige, da ich sonst gefährdet werde.

Beziehungen und Menschen wurden idealisiert. Eine Enttäuschung des Ideals war schmerzhaft bis unerträglich. Um mit solchen Bedrohungen fertig zu werden, hatte Anna einen Schutz entwickelt. Auf dem Höhepunkt einer schmerzhaften Enttäuschung konnte sie von einem zum anderen Moment ihre Gefühle abtöten. Das bis dahin Ge-

liebte kam dann – bildlich oder auch real – in den Mülleimer. Danach war für Anna dieser Bereich grau, kalt, tot und schmerzfrei. So warf sie einen Pullover und eine Hose, die sie über Jahre wie ein Übergangsobjekt gehütet und geliebt hatte, in den Müll, als ich versuchte, die Bedeutung der Kleidungsstücke mit ihr zu verstehen.
Ihre Beziehung zum zweiten Sohn, der mit 13 Jahren gegen ihren erklärten Willen auf eine große Fahrt ging und sie einem ihr unerträglichen Trennungsschmerz aussetzte, gab sie innerlich auf; dies über einen Zeitraum, der weit über die reale Trennungszeit hinausreichte.
Neben Überanpassung, Aggressionshemmung und ständigen Zweifeln an ihrer Lebensberechtigung litt Anna gelegentlich an Bauchkrämpfen, die vor allem nachts auftraten, bis zum Kollaps führten und sich am nächsten Tag mit 8- bis 10maligem Durchfall lösten. Daneben litt sie unter Migräneanfällen, und ihre sehr helle Haut neigte zu allergischen Reaktionen.
Wir begannen eine klassische Analyse mit 2–3 Wochenstunden, die eigentlich im Liegen stattfinden sollte. Anna lag manchmal. Meist saß sie auf der Couch, mit dem Rücken an die Wand gelehnt, da sie meine Mimik und Körperhaltung kontrollieren mußte. Meine Worte und mein Stimmklang gaben ihr nicht genug Sicherheit.
Nach den ersten Gesprächen verschwanden ihre psychosomatischen Symptome. Annas Lebensraum erweiterte sich, sie begann sich in der Familie und im Freundeskreis besser abzugrenzen, bekam buchstäblich mehr »Boden unter die Füße«, so daß sie ungefähr im dritten Jahr der Analyse in viele ihrer Schuhe nicht mehr paßte (etwas, was ich schon in mehreren Therapien beobachtet habe, wenn eine »Erdung« beginnt).
Sie arbeitete einen großen Teil ihrer Biographie durch. Der Mülleimertrick zur Gefühlstötung klappte nicht mehr. Anna fühlte.
Unberührt – wenn sich auch draußen manches zu ändern begann – blieb die idealisierte Übertragung. Ich war einfach unumstößlich großartig. Die Zumutung der Ferienpausen mit dem Verlassenwerden waren die einzigen Ein-

brüche, die Anna mir – da sie erfahren hatte, daß auch ich eine Familie habe – natürlich zugestand. Doch sie bewegte sich in den Trennungszeiten in den Bildern von Sand- und Steinwüsten.

Annas Weiterentwicklung und unsere Arbeit an der idealisierten Übertragung auf mich führten dahin, daß die Wahrnehmung der Ambivalenz in unserer Beziehung unausweichlich wurde: eigentlich sei es jetzt höchste Zeit, sich von mir, der Therapeutin, zu trennen, da sonst das tödlich Kalte auch hier einbrechen würde. So sah es Anna. Gleichzeitig fühlte sie sich aber unfähig zu gehen, da sie alleine nicht leben konnte.

Die psychosomatischen Symptome kamen wieder, eher heftiger und quälender als zuvor. Sie waren sprachlich nicht mehr erreichbar. An diesem Punkt unserer Arbeit änderte ich das Setting. Die aus äußeren Gründen (Anna arbeitete inzwischen wieder in ihrem erlernten Beruf) auf zwei Wochenstunden reduzierte Analyse wurde in eine Doppelstunde pro Woche umgewandelt mit dem Schwerpunkt auf Körperwahrnehmung und Atemarbeit.

Bald nach dieser Umstellung entstand bei Anna während einer Stunde aus auftretenden Druckgefühlen in Brust- und Bauchraum die Vorstellung, in ihrem Bauch sei etwas unerträgliches Dunkles. Das müsse raus. Das müsse sie unbedingt loswerden. Weg! Vernichten!

Ich empfahl ihr, zuhause zu versuchen, mit einem Material, das sie sehr gern anfasse, dieses Etwas – ein Wesen? – zu gestalten, und zwar solle sie sich um ein liebevolles Gestalten bemühen, damit sie auch liebevoll mit dem Gestalteten umgehen könne, was auch immer entstünde.

Zur nächsten Stunde brachte Anna in einer Papiertüte mit Zeichen deutlichen Ekels etwas Eingepacktes mit. Sie habe keinen schwarzen Stoff gefunden, den sie so richtig gerne anfasse, halt nur etwas Weißes. Dann habe sie sich an die Maschine gesetzt, einfach drauflos genäht. Ihre Kinder hätten sie ausgelacht, was denn das Komisches sei, aber sie wolle es mir zeigen. In der Tüte war – eingeschlagen in einem weichen Tuch – ein Embryo, Ende des zweiten Monats vielleicht.

Anna erkannte die Gestalt nicht. Es dauerte Wochen, bis Anna »sah«, was sie gestaltet hatte. Bis heute ist dieses Wesen in den Therapiestunden dabei, und wenn es schwierig wird, liegt es schützend auf Annas Bauch, Brust oder Kopf.
In der folgenden Zeit berichtete Anna über ängstigende Träume: Anna flieht durch Straßen, verfolgt von einem riesigen Bagger. Sie irrt durch Katakomben, muß in einen Tunnel, in dem kniehoch kaltes Wasser steht. Sie kommt nie um, aber es gibt auch nie eine Auflösung der Gefahren. Anna erwacht immer, bevor es im Traum zu einer entspannenden Lösung kommt.
Wenn keine psychosomatischen Symptome im Vordergrund stehen, beginnen wir unsere Sitzungen mit Atemübungen zur Entspannung. Dabei wird sie einmal von heftiger Angst gepackt, die mit starken Kältegefühlen verbunden ist. Anna friert, deckt sich zu, braucht eine zweite Decke, ohne daß ihr warm wird. Dann erlebt sie sich in ihrem Gitterbett in einem dunklen Zimmer ohne Licht. Sie könnte so ein bis eineinhalb Jahre alt sein. Sie ist naß, steht, wartet, friert, weint nicht. In ihr ist ein verzweifeltes Gefühl: »Warum kommt denn niemand?!« Und gleichzeitig weiß sie, daß niemand kommen wird. Es hat keinen Sinn.
Die psychosomatischen Symptome verstärken sich weiter. Zum Teil ist Anna nach den Sitzungen ein bis zwei Tage krank. Nach einer Sitzung muß sie die Heimfahrt unterbrechen, weil sie heftig erbricht und Durchfälle bekommt. Sie hat schwere Ischiasschmerzen und ist über Wochen arbeitsunfähig. Anna kann nicht mehr aufrecht stehen. In den Therapiestunden liegt sie zum Teil auf dem Boden, die Beine auf der Couch gelagert, in Stufenlagerung.
Wieder später – die Rückenbeschwerden haben nachgelassen – kommt Anna nach einer langen Nacht mit Bauchpasmen in die Stunde. Sie atmet in den »wunden Bauch« hinein. Da findet sie ein Bild, als habe sie ein dunkles Loch im Bauch, das in einen Trichter führt. Aus diesem Trichter quillt etwas Dunkles, Klumpiges, etwa so wie Teer. Sie hat heftige Angst. Ich unterstütze Anna darin, im Bild zu blei-

ben. Da berichtet sie voll Entsetzen, daß sie wohl selbst dort innen sein müsse, sie habe Todesangst, weil etwas Helles, Spitzes auf sie eindringe, aber sie wohl nicht treffe. Sie versuche auszuweichen und sich in den letzten Winkel zu verziehen. Ich hatte nicht genau zugehört und glaubte, etwas Dunkles sei auf sie zugekommen. Aber Anna stellte richtig: »Nein, es war hell wie aus Metall, wie eine Stricknadel«. Zu dem schwarzen Klumpen wie Teer assoziiert Anna geronnenes Blut.

Für sie ist das Ergebnis dieser Stunde eine subjektive Gewißheit, die sich bis heute nicht verändert hat: »Die hat versucht, mich mit einer Stricknadel abzutreiben«. Anna weiß, daß ihre Mutter vor und nach ihrer Geburt mindestens je eine Schwangerschaft abgetrieben hat.

Dieses Bild – das in der Arbeit den Charakter einer frühen Erinnerung zu haben scheint – entlastet Anna insofern, als sie plötzlich einen Bezug zu ihrem lebenslangen Gefühl bekommt, keinen Platz auf der Welt zu haben.

In den folgenden Wochen und Monaten kommen viele Bilder auf, die die tödlich-bedrohende Bindung an die Mutter veranschaulichen.

Anna findet sich auf dem Körper der Mutter fest verbunden mit ihr, kann sich von diesem nicht lösen. Als sie genauer hinschaut, wo sie sich befindet, liegt sie mit der toten Mutter im Sarg. Sie selbst lebt, wird aber festgehalten.

In einer anderen Stunde versperrt eine verhüllte Gestalt Anna den Weg. Anna sitzt in einer Ecke, kann nur fort (in die Bewegung, ins Leben könnte man meinen), wenn sie an der Gestalt vorbeigeht. Aber Anna verharrt in gelähmtem Entsetzen. Sie glaubt, die Mutter sei unter diesen Gewändern. Sie wagt aber nicht, die Gestalt genauer zu untersuchen.

In den Stunden hat sie Atemprobleme und empfindet Engegefühle – deutliche Hinweise auf Geburtserinnerungen nach Art der beschriebenen Körpergefühle. Wir gehen gemeinsam durch Annas Geburt. Der Geburtsverlauf stellt sich in der Reinszenierung vom mechanischen Verlauf her ganz problemlos dar. Ich – als »begleitende Mutter« –

fühle mich völlig unbeteiligt. Als ob ich nichts damit zu tun hätte. Anna liegt – eben geboren – zusammengerollt. Sie klagt über Gefühle von Kälte und ratloser »bodenloser« Verlassenheit.
Als wir gemeinsam unsere Wahrnehmungen besprechen, sagt Anna, daß sie diese Kontaktlosigkeit genau gespürt habe. »Warum hat sie (die Mutter) mich nicht abgeholt, warum hat sie mich nicht abgeholt?« klagt Anna mit deutlich spürbarer Verzweiflung und meint den Zeitpunkt direkt nach der Geburt. Dieses Verlassenheitsgefühl fällt zusammen mit der Szene im Gitterbettchen.
Während Anna am Beginn unserer Körper- und Atemarbeit oft darauf angewiesen war, daß ich ihren Kopf oder ihre Hand hielt, äußert sie nun Angst vor einer Berührung durch meine Hand, was sie selber erstaunt. Denn bevor ich sie das erste Mal berührte, hatte Anna gefragt, ob sie meine Hände anfassen dürfe, um sie kennenzulernen. Ganz erleichtert sagte sie damals: »Gott sei Dank, die sind weich. Ich hatte solche Angst, sie könnten hart sein.«
Bald nachdem sie Angst vor meinen Händen empfand, tauchte ein Bild auf, in dem Anna sich als ganz klein wahrnahm, denn die Hände der Mutter, so glaubte sie, seien so groß wie ihr ganzer Rücken. Sie spürte, wie diese Hände ganz hart sind, auch in der Bewegung. Es war ihr unangenehm, so berührt zu werden, sie fühlte sich allein und ausgesetzt. Die Mutter hatte über viele Jahre ein schweres Ekzem in den Handinnenflächen.
Im Leben begann Anna in dieser Zeit übergreifende, nutzende Beziehungen immer klarer zu sehen. Sie wollte nicht mehr an sich »rumfingern lassen«. Sie schilderte Szenen, bei denen sie mit Mühe und Angst den Umarmungen von Frauen bei Begrüßungen auswich, wenn diese in »aggressiv-verschlingender« Liebenswürdigkeit sich aufdrängten. Von Frauen bekam sie in dieser Zeit immer wieder zu hören, daß sie sich sehr zu ihrem Nachteil verändert habe. Sie sei nicht mehr die alte Anna.
In Annas Familie, in der Konflikte aus Angst vor Bindungsverlusten bis dahin negiert wurden, der Ehemann sich Respekt verschaffte, indem er Annas Selbst mit Sätzen

wie »Ach, Kindchen, davon versteht du doch nichts« abwertete, rückten die einzelnen Familienmitglieder auf Abstand. Die Kinder begannen ihren Freiraum für eigene Entwicklungsschritte zu behaupten, so daß Anna immer mehr mit der Frage konfrontiert wurde, ob sie mit sich und für sich alleine leben konnte. Trotz rastloser Beschäftigung, trotz Berufstätigkeit nahm Annas Angst vor dem Leben in dieser Zeit wieder zu. Erneut schien sie vor dem Nichts zu stehen. Das Leben kam ihr wie eine Wüste vor. Sie fühlte nur noch die ablehnende Wut gegen sich selbst. Die psychosomatischen Symptome nahmen wieder zu.
Auch im Äußeren hatte Anna sich verändert. Die Gestalt war ein wenig voller und fraulicher geworden, die wechselnden Frisuren nicht mehr mädchenhaft. Der Blick nicht länger verhuscht, sondern lebendig im Austausch, ein Blick, der dem Gegenüber standhielt.
In dieser Phase kam Anna während einer Therapiestunde beim Atmen in einen körperlich deutlich sichtbaren Erregungszustand, konnte aber lange nicht mitteilen, was sie erlebte. Später erzählte sie, daß sie an einem großen grauen See stünde. Um sie sei es noch etwas hell, das andere Ufer sei nicht zu sehen. Das Wasser sei träge und dunkel, grau wie der Himmel und der Horizont. Auf dem Wasser – und das sei das Grauenhafte – treibe auf einem riesengroßen Seerosenblatt ein kleines Kind unaufhaltsam weg vom Ufer. Und niemand sei da, es zurückzuholen. Lange steht Anna am Ufer, weiß nicht, was sie tun soll. Es ist ihr deutlich, daß niemand sonst da ist, um das Kind zu holen. Es liegt auch kein Boot am Ufer und Anna fürchtet das Wasser, weil ihr das kalte Wasser, sobald es ihren Leib berührt, unangenehm ist.
Doch sie entschließt sich zu versuchen, das Kind zu holen, weil das tatenlose Zusehen ihr unerträglich ist. Das Wasser ist kalt und modrig. Anna muß lange schwimmen, bis sie das Blatt erreicht. Sie findet ein kleines Mädchen, ganz bleich und starr, das keinen Kontakt zu ihr aufnimmt. Es ist mit einem Band am Seerosenblatt festgebunden. Anna versucht das Seerosenblatt hinter sich her zu ziehen, es bewegt sich nicht. Sie taucht und merkt, daß das Seerosen-

blatt mit dem Stiel fest im Untergrund verwachsen ist. Sie kann es nicht lösen.

Nach ihrer Erzählung beginnt Anna heftig zu weinen. »Jetzt weiß ich, wer das Kind ist. Es ist mein Kind, das ich abtreiben mußte.« Schon bei der Beschreibung des Seerosenblattes und des Sees war mir die Vorstellung eines bedrohlichen Uterus gekommen. Ich selber hatte dabei mehr an Annas eigene Geschichte gedacht als an die ihres Kindes.

In ihrer dritten, erwünschten Schwangerschaft hatte Anna auf einem Kindergeburtstag ein Kind auf dem Schoß gehalten, das wenige Tage danach an Röteln erkrankte. Der Ehemann bestand auf einer Untersuchung bei Anna. Das Ergebnis: Anna hatte sich infiziert. Annas Ehemann litt wie Annas Vater an einer postnatal erworbenen Körperbehinderung, die er nie verwunden hatte, und stellte apodiktisch klar, daß er ein behindertes Kind nie akzeptieren könnte.

Drei Ärzte, alles Männer, übernahmen die Beratung der Schwangerschaftsunterbrechung. Sie waren sich alle in dem Punkt einig, daß dem Vater ein behindertes Kind nicht zumutbar sei. Anna kann sich nicht erinnern, daß sie gefragt wurde, was sie fühlte, dachte oder wollte. »Ich habe mein eigenes Kind nicht schützen können und zugelassen, daß es umgebracht wird. Und ich bin sicher, daß es gesund war.«

Jetzt – 15 Jahre später – mußte sie durch diesen Schmerz gehen und spüren, daß dieses Kind beim Absaugen wohl zerrissen wurde und daß sie es zugelassen hat. In den Therapiestunden kann sie diesem Kind einen Namen geben, aber der Versuch, sich von ihm zu verabschieden, es endgültig in seinen Tod zu entlassen, gelingt ihr nicht. Das Bild dieses Kindes begleitet sie jetzt ständig. Sie erzählt, daß sie ihren Körper und ihr Inneres nicht spürt. Sie schläft schlecht und unruhig und hat immer wieder Träume, in denen sie ein Kind auf der Hüfte trägt, tragen muß. Es ist ungefähr ein Jahr alt, ein ganz normales, gut entwickeltes Kind. Aber es ist ihr unangenehm, eher eklig, lästig und sehr schwer. Sie muß es irgendwo hinbringen, sie

läuft und läuft über Gebirge, durch Täler, und immer wieder begegnen ihr Männer, die sie nach dem Weg fragt und die ihr sagen, wohin sie es bringen soll. Aber sie kommt nie an.
In einer der Therapiestunden geht sie in eines der Traumbilder. Und ihr ist plötzlich klar, daß sie selber das Kind ist, das sie trägt, aber nicht lieben, sondern nur korrekt versorgen kann. Sie spricht und spielt nicht mit diesem Kind. Das Wissen, daß sie selber dieses Kind ist, entlastet sie nicht, sondern erhöht den Druck. Sie kann sich diesem Kind nicht zuwenden. Beim Versuch, es zu tun, reagiert der Bauch somatisch, dann »schaltet sie ihn ab« wie sie auch ihre haßerfüllten, sehnsüchtigen und ängstlichen Gefühle abschaltet. Jetzt gibt es wieder einen Mülleimer für die Gefühle.
Die Vorstellung, sich doch mit 50 Jahren umbringen zu müssen (bis dahin werden die Kinder aus dem Haus sein und ihr Vater vielleicht tot), wenn sie für niemanden mehr sorgen muß, bekommt eine neue Konkretheit und Schärfe, eine Vorstellung, die Anna seit Beginn unserer Arbeit nicht mehr hatte.

Nachbemerkung

An welcher Schwelle könnte Anna jetzt stehen?
Die folgenden Überlegungen spiegeln meine Eindrücke und Vorstellungen wieder und sind noch nicht mit Anna besprochen oder durch den Verlauf unserer Arbeit bestätigt.
Im Leben von Anna gab es von Anbeginn den Vater. Der wollte dieses Kind. Das könnte dafür sprechen, daß nach dem wahrscheinlichen, frühen Abtreibungsversuch der Mutter (ich nehme an, daß der Vater davon nichts wußte) durch den Kinderwunsch des Vaters das Leben der Patientin geschützt wurde.
Der Vater, der körperbehindert aus dem Krieg zurückkehrte, brauchte dieses Kind als Ausdruck seiner Unversehrtheit. Jetzt brauchte er die Tochter – über die er sehr

stark nach seinen Vorstellungen verfügt – für seine Lebenssicherung, damit sie ihn bei Krankheit oder im Alter pflegen wird.
Die Wünsche und Mitteilungen des Kindes – Anna – wurden nicht gehört und nicht beantwortet. Gegen ihren Willen wurde sie in ein Internat gegeben. Dort lief sie mit 12 Jahren im Winter fort, zu Fuß 30 km durch den Schnee bis nach Hause. Der Vater versprach ihr, daß sie nicht wieder zurück müsse, ließ sie aber zwei Tage später von einer Lehrerin des Internats abholen.
Als die Patientin zum ersten Mal schwanger wurde, hörte sie vom Flur aus, wie Vater und Freund miteinander klärten, daß jetzt »natürlich geheiratet würde«. Niemand kam auf die Idee, sie zu fragen, noch kam Anna auf die Idee, daß sie sich Gehör verschaffen könnte, obwohl sie in dieser Zeit noch andere Beziehungen zu Männern hatte. Erst in der Therapie stellte sie sich die Frage, wieso sie in diese für sie sehr problematische Ehe eingewilligt hatte, ohne zu klären, ob dieser Freund, der sie heiraten sollte, wirklich der Vater des ungeborenen Kindes sei.
Die Schwelle, vor der Anna steht, scheint mir die Frage zu sein, ob sie die Anweisungen der Männer, wohin sie geht, weiterhin annehmen wird, oder ob sie einen eigenen lebendigen Bezug zu ihrem inneren Kind findet, vor dessen benutztem Sein und Körper sie Abneigung und Ekel empfindet, das sie aber – wie die ablehnende Mutter – korrekt versorgt.
Annas bereits intrauterin übernommene Beziehungsaufträge scheinen mir wie folgt zu lauten:
Mutter: Ich möchte, daß du tot bist. Für dich ist kein Platz, aber wenn du schon lebst, werde ich mir nicht vorwerfen lassen, dich nicht korrekt versorgt zu haben. Ich fürchte sonst die Rache meines Mannes und meiner Mutter.
Vater: Ich will dich als Kind, damit du mir hilfst, meine Versehrtheit zu vergessen. Die Entscheidung über deine Lebensrichtung, über Sein und Nichtsein bleibt in meiner Hand. Für dich alleine hast du keinen Grund zu leben, da ich dich nicht sehe und mich an dir nicht freue.

Auch für Anna werden diese Aufträge immer klarer. Die Entscheidung, ob sie sich von beiden Aufträgen trennen will und kann, ist noch nicht endgültig gefallen, aber sie erscheint möglich.
An dieser Stelle könnte der Einwand kommen: Die Entwicklung der Bilder und Erlebnisse während einer Therapie sind nie objektiv. Annas Mutter ist tot. Auch wenn sie noch lebte, würde sie einen Abtreibungsversuch an diesem Kind nie zugeben. Daß Anna den Embryo gestaltete? – Nun gut! Wie ich mich als Therapeutin in der Geburtsszene erlebte – ohne Gefühl – wer weiß, was die Mutter fühlte?
Ich kann keinen Einwand entkräften. Will es auch nicht. Diese Schwelle, die Realität der inneren Wahrnehmung gleichberechtigt neben der äußerlich objektivierbaren gelten zu lassen, kann nur jeder in sich überschreiten. Mir – der Therapeutin – genügt die Evidenz in der therapeutischen Situation, in der Entwicklung der Übertragungsbeziehung und vor allem die Sicherheit, mit der Anna wie viele andere Patienten die Erlebnisse als wahr empfindet. Wie sie sie dafür nutzt, einem quälenden Lebensgrundgefühl Sinn, Sprache und Geschichte zu geben, und damit die Voraussetzungen schafft, diese Fixierungen – wenn auch mit schweren Ängsten – zu überwinden, um sich verstärkt einem eigenen selbstbestimmten Leben zuzuwenden.

Thomas Reinert

»Ja, hab' ich ein Lebensrecht?«

Widerspiegelungen eines überlebten Abtreibungsversuches in der Therapie

1937 schrieb Alfred Adler, der Begründer der individualpsychologischen Variante der Psychoanalyse: »Das Kind sollte seinen Eintritt in die Welt wie eine freundliche Einladung empfinden.« Und er fährt an anderer Stelle fort: »Ein Kind, das sich nicht freundlich eingeladen fühlt, lebt wie in einem feindlichen Land.« Adler drückt hier etwas aus, was später, 1965, Winnicott ganz ähnlich formuliert: der Säugling brauche für seinen Wachstums- und Reifungsprozeß eine »fördernde Umwelt«. Beide beziehen sich jedoch auf die nachgeburtliche Lebenszeit, wie fast alle bekannten psychoanalytischen Autoren. Sehr viel früher, nämlich 1924, schrieb bereits Gustav Hans Graber, der Begründer der Pränatalpsychologie: »Alle unsere wissenschaftlichen und psychotherapeutischen Bemühungen um den Menschen bleiben Stückwerk, wenn wir nicht zur Einsicht vorstoßen und den Mut haben, die Integration des vorgeburtlichen Lebens als den wesentlichen seelischen Bereich in die Biographie und Pathographie der Persönlichkeit aufzunehmen.«
Mittlerweile belegen zahlreiche Untersuchungen, daß Graber in wesentlichen Annahmen recht gehabt hat; insbesondere kann heute als gesichert angesehen werden, daß zahlreiche seelische wie körperliche Erkrankungen eines Menschen in späterer Lebenszeit ihre eigentlichen Ursprünge in der Pränatalzeit hatten und zu einem großen Teil, vereinfacht ausgedrückt, darauf zurückzuführen sind, daß diese Menschen als Kinder eben nicht im Adlerschen Sinne »willkommen geheißen«, sondern eben unerwünschterweise geboren wurden. Herwig Poettgen, ein Gynäkologe und Psychotherapeut, schreibt dazu: »Aus der Psychoanalyse von (solchen) Kindern erfahren wir

nun wiederum, daß diese Kinder auch dann, wenn ihre Mütter und Väter es nie verbalisierten, ihre Unerwünschtheit im Verlaufe ihrer Sozialisation herausspürten und unter Defekten in ihrer Selbstwertregulation ... leiden. Seelischen Schaden nehmen aber auch Kinder von Müttern, die sich aufgrund eines verdrängten Abbruchwunsches nach der Geburt dieser Kinder durch Reaktionsbildung als ›Over-Protective-Mothers‹ verhalten und ihre Kinder mit einer Angstglocke umgeben.« Hier findet sich eine Analogie zu den von Alfred Adler beschriebenen Negativfolgen eines »verzärtelnden Erziehungsstils«. Eine Selbstwertregulations-Störung muß nach heutigem Erkenntnisstand bei den meisten schwereren psychischen Krankheiten als *eine* entscheidende Grundlage angesehen werden. Auch hier erfährt Adler, der den »Minderwertigkeitskomplex« als wesentliche psychische Stör-Größe betonte, eine nachhaltige Bestätigung.

Selbstwert entsteht beim Kind nicht von allein, das Kind braucht die Bestätigung der Umgebung, und dies bereits während seines Heranwachsens im Mutterleib.

Seit vielen Jahren arbeite ich in modifiziert analytischer Art über jeweils lange Zeit ambulant mit »persönlichkeitsgestörten«, vor allem »Borderline-strukturierten« Patienten. Psychoanalytisch arbeiten heißt, »regressionsfördernd« zu arbeiten, d.h. die gefühlsmäßige Rückkehr des Patienten in der Therapie zu frühen emotionalen Erfahrungen zu fördern.

Meine Erfahrung ist, daß gerade Borderline-Patienten in der Therapie über kurz oder lang immer wieder in irgendeiner Form die intrauterine Atmosphäre ansprechen, sei es in der Gestaltung des Raumes zu einer uterusartigen Höhle, in die sie sich zurückziehen, sei es über Träume oder über entsprechende Themen in ihren Bildern oder in frei geäußerten Phantasien.

Ich möchte hier als Beispiel über eine Patientin berichten, die 1991 in meine Behandlung kam. Marion, damals ca. 30 Jahre alt, betrat beim Erstgespräch den Raum in schlichter, ja unscheinbarer Bekleidung, ihr Gang war gebunden, bewegungsarm, ihr Gesicht zeigte keine Mimik; dies ergänz-

te sich mit einer dauerhaft tonlosen, fast gleichförmigen Stimme. Sie berichtete kaum von sich aus, ließ sich eher befragen, antwortete dann jedoch sachlich, korrekt und um Präzision bemüht.
Mir drängte sich bereits kurz nach Beginn dieses Gespräches ein Wort auf: »versteinert«. Mit Überraschung reagierte ich, als sie nur wenig später mitteilte, sie sei Studentin der »Geologie«. Sie befand sich damals bereits weit jenseits der üblichen Studiendauer, etwa im 25. Semester, und hatte noch keine Examina abgelegt. Sie berichtete über Arbeitsstörungen, es sei ihr nicht möglich, sich zu konzentrieren, sie sei ständig abgelenkt, unruhig und voller Angst, ihre Leistungen könnten nicht gut genug sein; gleichzeitig schäme sie sich. Wegen des langen Studiums traue sie sich nicht mehr an die Universität. Weiter erzählte sie über Eßstörungen mit wechselnden anorektischen und bulimischen Phasen, über ihre Neigung zu Kollapsen, Zeiten mit erheblicher depressiver Verstimmung, Selbsttötungsphantasien, von Zuständen mit dem Gefühl des Zerfalls und der Auflösung, in denen sie sich selbst »therapiere«, indem sie sich Nadeln in die Beine stach oder sich an den Beinen die Körperbehaarung ausriß. Immer wieder befürchtete sie, vielleicht »verrückt« zu sein.
Als Marion zu mir kam, hatte sie bereits eine stationäre und eine ambulante tiefenpsychologisch fundierte Therapie absolviert, die ihr auch geholfen hatten, besser mit dem Leben und mit sich selbst klarzukommen. Sie hatte aber das Gefühl, noch mehr zu brauchen. Der letzte Psychotherapeut hatte zu einer analytischen Behandlung geraten. In der Anfangszeit erlebte ich Marion sehr verstandesorientiert, »abgeklärt«, gefühlsneutral, überlegen. Sie wirkte nahezu souverän; dies entsprach auch ihrem Auftreten im Leben. Sie berichtete, sie löse bei anderen immer den Eindruck aus, »über den Dingen zu stehen«. Neue Inhalte wurden in die Therapie fast ausschließlich über Träume eingebracht. Die Träume kamen mir oft vor wie ein »unverbindliches Probeterrain«, das ihr ermöglichte, seelische Erlebnisse, die ihr bedrohlich vorkamen, mir schon einmal vorzustellen, ohne sich darauf festlegen zu müssen. Bri-

sante Themen kamen auf Umwegen zur Sprache. Irgendwann in der Anfangszeit berichtete Marion, daß sie für die Therapiestunden eine spezielle Kleidung anziehe: weite, sackförmige Kleider, schlabbrige Jeans, T-Shirts ohne irgendeinen Schnitt. In einer Stunde räumte sie zögerlich ein, daß das bewußt geschehe, sie wolle die Sexualität aus der Therapie heraushalten.

Etwa gleichzeitig berichtete Marion, ihr Vater, mit dem sie damals so gut wie keinen Kontakt mehr hatte, habe sich einige Wochen nach Beginn unserer Arbeit telefonisch bei ihr gemeldet, sei sehr freundlich gewesen, habe sie in ein Gespräch verwickelt über Therapie; er habe gehört, sie mache jetzt eine Analyse; das brauche sie doch nicht; das hätte in ihrer Familie doch noch niemand nötig gehabt ...

Die Patientin äußerte Wünsche, geschlechtsneutral oder ein Mann zu sein. Sie schilderte ihren Ekel vor dem männlichen Samen und daß sie mit ihrem Partner nur mit Präservativ schlafen könne.

Marion verzweifelte förmlich an ihrer Weiblichkeit, äußerte einmal, sie wolle sich am liebsten Gebärmutter und Eierstöcke herausreißen, empfand sich wegen ihres Geschlechtes als minderwertig und sogar schuldhaft. In ihrer Abwehr mußte sie sich mit jedem potentiellen Aggressor identifizieren, mußte auch ihren Vater, den sie erst später hassen konnte, zunächst lange Zeit schützen.

Ein weiteres zentrales Thema brachte Marion durch einen Traum in die Therapie ein: »Wir sitzen uns hier im Therapieraum gegenüber, Sie nennen immer wieder Fremdwörter, die ich erklären muß. Irgendwann fragen Sie nach einer Göttin, die ich kenne. Daraufhin schrumpfe ich, werde immer kleiner und kleiner, liege dann plötzlich als Baby auf der Matratze, bin ganz kalt und naß, krampfe am ganzen Körper, bin am Weinen. Dann kommen Sie und nehmen mich hoch, dabei sind die Brusthaare Ihres Körpers ganz lang und weich und warm; Sie packen mich von beiden Seiten in diese Haare ein, und ich bin nicht mehr am Krampfen, bin warm und geborgen und sicher. Das geht eine ganze Weile so, dann legen Sie mich wieder hin und ich bin wieder groß und bin wieder die Person von

heute.« Hier wurden erstmalig ihre regressiven Wünsche deutlich.
Zu einer Stunde erschien Marion in sehr bedrücktem Zustand. Sie gab an, sie fühle einen großen Schmerz. Nicht eigentlich körperlich, »mehr allgemein«, sie könne das kaum beschreiben. Sie wirkte sehr traurig. Es gehe um ihr »ganzes Sein«. Mit Zögern brachte sie dann heraus, sie habe das Gefühl, eigentlich nicht da sein zu dürfen. Sie erinnerte dann, von ihrer Mutter einmal gehört zu haben, sie sei beim »Bekommen« aller ihrer Kinder eigentlich vom Vater »übertölpelt« worden, das habe die Mutter im Zusammenhang mit der Geburt ihres jüngeren Bruders berichtet. Marion zögerte lange und brachte dann sehr gequält hervor: Sie wisse, daß die Mutter mehrere Abtreibungen durchgeführt habe. Sie habe auch versucht, sie, Marion, abzutreiben. Marion wirkte bei diesen Worten wieder völlig versteinert. Sie weinte nicht, war in sich gekehrt und sehr traurig. Sie konnte die Gefühle nicht zulassen. Sie phantasierte, das habe sicher auch Auswirkungen auf das Baby gehabt. Denn: Einem Kind, das die Mutter nicht gewollt habe, habe diese sicher auch nach der Geburt nicht das gegeben, was es gebraucht hätte. Eigenes Leiden konnte Marion an dieser Stelle überhaupt nicht erinnern, lediglich, daß sie als Kind immer sehr genügsam gewesen sei. So als sei es von vorneherein klar gewesen, daß sie keine Ansprüche stellen dürfte. Als ich versuchte, ihr meine Gefühlsnähe deutlich zu machen, wehrte sie das ab: Das sei ja wohl mein Beruf, und den hätte ich ja wohl ergriffen, weil ich mit solchen Situationen umgehen könne. Sie lachte dabei. Trotzdem wagte ich, ihr am Ende der Stunde bei der Verabschiedung zu sagen, ich sei sehr froh, daß sie da sei. Sie nahm dies stumm auf.
In der Folge solch wichtiger Mitteilungen und Aufdeckungen in einzelnen Sitzungen kam die Patientin zunächst immer mit erheblichen Widerständen in die Folgestunden. Sie wehrte jedes aufkommende Gefühl ab, verhielt sich trotzig-aggressiv; die Stunden waren in der Gegenübertragung dann immer wieder eine starke Belastung für das von mir zuvor geäußerte Gefühl, nämlich froh zu sein über ihr »Da-sein«.

Erst Monate später konnte sie wieder auf das Thema »Abtreibungs-Versuch« zurückkommen. Sie tat das diesmal so, als spräche sie mit einem »Kumpel« über etwas ganz Rationales: Lachend meinte sie, ob sie mir denn schon einmal erzählt habe, *wie* die Mutter versucht habe, sie abzutreiben? Das habe die mit Stricknadeln gemacht. Ihr Lachen verschwand. Ich reagierte bewußt nicht, ließ die Stille wirken. Nach einer längeren Pause fragte ich sie nach ihrem Gefühl. Sie antwortete: Sie stelle sich vor, wie furchtbar es für die Mutter gewesen sein müsse, mit Stricknadeln in sich herumzustechen. Als ich versuchte, nach einem eigenen Gefühl der Patientin, nach der Bedrohtheit, zu fragen, antwortete sie burschikos: Wenn »das geklappt« hätte, wäre sie eben nicht mehr da. Sie fügte dann nach einer Pause hinzu, sie sei für eine völlige Freigabe der Abtreibung, es müsse einer Frau einfach freigestellt sein, ob sie ein Kind bekommen wolle oder nicht. Ich deutete: »Ich habe das Gefühl, Sie wollen mir etwas ganz anderes sagen. Wie schön wäre es, wenn Ihre Mutter frei hätte entscheiden können, ob sie Sie abtreiben wollte oder nicht und hätte sich dafür entschieden, es nicht zu tun.« Marion reagierte darauf zunächst nicht spürbar. Sie reagierte in der nächsten Stunde. Da berichtete sie mit Zögern, sie spüre, daß in dieser Therapie etwas anders sei als in den früheren. Es sei für sie wichtig, dreimal pro Woche kommen zu können, das sei gerade ausreichend. Zwar breche der Kontakt zu mir immer wieder zwischen den Stunden ab, d.h. ich verschwände außerhalb der Sitzungen wieder aus ihrem Leben, aber andererseits guckte ich immer wieder so »treu und dackelig«; dann lachte sie. Nach einer Pause ergänzte sie sehr ernst: Es tue ihr leid, das so ausgedrückt und alles so ins Lächerliche gezogen zu haben; aber sie könne nicht glauben, daß jemand *wirklich* an ihr Anteil nehme. Nach einer weiteren längeren Pause äußerte sie eine Phantasie: Sie wolle am liebsten noch einmal Kind sein, getragen werden, die Verantwortung für sich noch einmal vollständig abgeben.

Dieser Wunsch stand ganz im Gegensatz zu ihrem sonstigen Verhalten. Sie übernahm ständig Verantwortung. – Ich

erfuhr, daß sie regelmäßig zu den Therapie-Stunden einen Zug früher anreiste, als notwendig gewesen wäre, aus Angst, der passende Zug könne Verspätung haben und ich könne sauer darüber sein, wenn sie zu spät komme, ihr das als Schuld anlasten und die Therapie abbrechen. Überhaupt rechnete sie bei allen möglichen Gelegenheiten damit, ich würde sie rausschmeißen. – Sie berichtete, eine größere Bafög-Nachzahlung, auf die sie lange hatte warten müssen und auf die sie dringend angewiesen war, habe sie einer Verwandten zur Verfügung gestellt, als diese unter Druck geraten sei, weil sie Geld aus der Gemeinschaftskasse eines Wohnheimes entnommen hatte, immerhin 3.000 DM. Es wurde deutlich, daß Marion immer wieder versuchte, ihrer Familie Gutes zu tun, ja geradezu derartige Märtyrerrollen systematisch suchte in dem verzweifelten Bemühen und in der Hoffnung, dann von der Familie anerkannt zu werden.
In der therapeutischen Situation erhielt Marion eine paradoxe Hilfe, sich von der Familie zu lösen. Ihre Familie rückte systematisch zusammen. Marion hatte mit ihrem Schritt, eine Psychoanalyse zu machen, offenbar das ganze Familiengefüge ins Wanken gebracht. Nun wurde sie ausgegrenzt als jetzt doch ganz offensichtlich »Verrückt-Gewordene«. Ich spürte, wie die Patientin in dieser Situation näher an mich heranrückte, vertrauensvoller, offener und in ihrer Haltung zunehmend weniger widerstands-geprägt war. Marion traute sich, immer genauer hinzuschauen. Sie erinnerte in einer Stunde, die Mutter habe ihr, als sie im Alter von 15 Jahren einmal mit einer »Zwei minus« in einer Klassenarbeit zurückgekommen sei, voll Sorge gesagt, sie wisse nicht, was aus Marion einmal werden solle, da sie ja doch für nichts irgendwie Talent zeige. Auch sei Marion als Baby ›mal in einem offenen Kinderwagen eine steile Treppe hinuntergefallen, die Mutter habe sie losgelassen. Marion konnte dies jetzt alles in einer Kette sehen. Sie interpretierte das in der Richtung, daß die Mutter ganz offensichtlich an ihr »keine Freude« gehabt habe. Als sie dies erzählte, fiel sie einen Moment lang in sich zusammen und schien in Tränen auszubrechen, kontrollierte sich dann

aber sofort wieder, zeigte die bekannte maskenhaft starre Mimik und blieb eine ganze Weile völlig regungslos.
Bald darauf tauchte in der Therapie zum ersten Mal in ganz direkter Form ein neues Thema auf. Marion erklärte, sie wolle am liebsten verschwinden, kleiner werden, unsichtbar sein, in einen Tiefschlaf verfallen, nur noch warm und geborgen sein, von der Strömung genährt werden, Ruhe haben. Damit sei das Gefühl verbunden, ganz bei sich zu sein. Auf meine Rückfrage, wohin sie dieses Bild einordnen würde, antwortete sie spontan und lachend: »Na ganz klar! Das ist im Uterus so!« Sie habe das Gefühl, nur dann, in so einem Zustand, wirklich existent zu sein. Im täglichen Leben sei sie nur eine Phantasie. Sie erläuterte: Sie habe im Leben das Gefühl, ständig nur das zu sein, was sie verstandesmäßig steuere, um die Erwartungen anderer zu erfüllen. Sie empfand dieses Leben als völlig anstrengend, könne davon aber andererseits keinen Abstand nehmen. Sie habe Sehnsucht nach Verantwortungslosigkeit und Versorgtwerden. Am liebsten wolle sie ein Teil von anderen sein: »In einem Gefüge habe ich meine Grenzen, meine Begrenztheit, habe meinen Sinn, habe meine Einfügung in etwas, werde gebraucht zur Vollständigkeit.«
Sie konnte auch ihren Beruf damit in Verbindung bringen: »Geologie ist Zeit, die früher gelebt wurde, die statisch geworden ist.« Sie verband damit: ruhig, still, mit Halt, mit Grenze. Sie selbst habe keine Grenze aus sich heraus. Sie zeigte mir verschämt ihre Beine, die immer wieder rot und entzündet waren, wenn sie sich sämtliche Haare aus den Unterschenkeln gerissen hatte.
Sie steckte sich auch nach wie vor Nadeln in die Beine, beides in Zuständen, in denen sie sich nicht fühlte. Alternativ kam es immer wieder zu (bulimischen) »Freß«-Attacken, in denen sie ihren Leib systematisch anfüllen, förmlich ausstopfen mußte, um vorübergehend das Gefühl von einer absoluten inneren Grenze zu erleben, die rein physisch nicht mehr überschritten werden konnte.
Marion wurde immer offener in den Mitteilungen: Sie berichtete, daß sie Sexualität mit ihren jeweiligen Freunden

immer als etwas erlebt hatte, dem sie sich »anheim gab«, der Körper sei etwa ab dem Zwerchfell währenddessen für sie »wie abgeschnitten«.
Auch ihre Lernschwierigkeiten konnten ergründet werden, sie standen genauso wie vieles andere im Schatten der Sicherung ihrer Existenzberechtigung. Marion erinnerte, daß sie für die Mutter immer perfekte Leistungen erbringen mußte. Sie sagte: »Das Normale war für mich schon schlecht!« Bei Nichterfüllung der Leistung habe sie immer ein Gefühl des »Auseinandergenommenwerdens«, einen Entzug der mütterlichen Liebe, einen Entzug der Berechtigung, existent zu sein, gespürt. Zum Gefühl, das die Mutter dann bei ihr ausgelöst hatte, erinnerte sie: »Keine Luft bekommen, der Boden geht mir unter den Füßen weg, ich bin in einer gallertartigen, gummiartigen Masse, gegen die ich anrenne, die mich aber immer wieder zurückwirft, es ist das Gefühl der Hilflosigkeit, der absoluten Machtlosigkeit.« Hier war die Brücke zur Unwertigkeit, zum Nicht-existieren-dürfen, zur Abtreibung. Die Patientin konnte das gut sehen. Sie erinnerte aber auch noch eine zweite Seite der Mutter: Auf perfekte Leistungen von seiten Marions habe sie mit Wut reagiert. Die Mutter hatte sie wohl immer als »ihr Produkt« empfunden, mit dem man vor anderen bestehen können mußte, das aber nicht zur Konkurrenz werden durfte. Für das Kind eine ausweglose Situation.
Zu manchen Stunden erschien Marion jetzt in einer schwer depressiven Verfassung. Sie war dann hoffnungslos, erklärte, sie habe Angst vor ihren Gefühlen, habe den Eindruck, wenn sie die zulasse, bleibe von ihr nichts mehr übrig. Wenn ich hin und wieder sagte, sie solle nach ihren Gefühlen leben, antwortete sie, dann könne es passieren, daß sie sich etwas antue, sich umbringe.
In einer solchen Stunde weinte sie einmal ganz heftig, glaubte nicht, jemals eine gesunde Frau werden zu können, im Raum breitete sich eine tödlich-lähmende Atmosphäre aus. Die Patientin lag in einem Winkel des Raumes ganz still. Nach langer Pause sagte sie mit tonloser Stimme: »Das Kind sitzt ganz zusammengekrümmt in einer

Ecke; es hat große Angst; jedes Geräusch läßt das Kind zusammenzucken!« Dann, wieder nach einer langen Pause: »Das Kind wagt kaum zu atmen. Damit man es nicht hört.« Ich fragte: »Warum darf man das Kind nicht hören?« Sie: »Sonst wird man ihm etwas tun!« Wieder eine lange Pause, in der ich dem »Kind« anbot, seine Hand zu halten. Marion, die erwachsene Frau, nahm davon scheinbar keine Notiz. Sie fuhr dann irgendwann fort: »Das Kind hat Angst, gesehen zu werden; gleichzeitig fürchtet es aber auch, nicht gesehen und gar nicht beachtet zu werden und nicht da zu sein!«

Wieder eine lange Pause, in der sich die bedrückende Stimmung im Raum noch verstärkte. Wieder bot ich Marion ganz vorsichtig an, ihre Hand zu halten. Nach einer ganzen Weile kam dann ein plötzliches unerwartetes »Ja«. Ich setzte mich neben die Patientin, nahm ihre linke Hand, sie blieb so fast eine halbe Stunde liegen. Das Ende der Sitzung wurde deutlich überschritten, das erschien mir jedoch notwendig. Sie äußerte dann, genauso monoton wie sie bisher gesprochen hatte: »Das Kind steht zusammengekrümmt an einer Ecke seines Gitterbettchens, voll des Schmerzes über das, was ihm angetan wurde!« Dann, wieder nach einer Pause: »Es kann diesen Schmerz kaum aushalten!« Ich erwiderte ruhig und langsam: »Ja, der Schmerz ist unerträglich, aber das Kind ist im Schmerz nicht alleine; ich bin bei dem Kind und trage den Schmerz mit ihm.« Wieder nach einer Pause sagte sie: »Das Kind fühlt sich jetzt wohler, es muß erst einmal verarbeiten, daß jemand da war und nichts getan hat.« Jetzt konnte die Sitzung beendet werden.

Eine kurze Zeit später äußerte Marion den Wunsch, zu schrumpfen und ganz klein zu sein. Sie legte sich dabei in zusammengenommener embryonaler Haltung auf die Seite, war schnell damit einverstanden, als ich ihr anbot, sie mit einer Decke zuzudecken. Ich saß in einiger Entfernung von ihr, sie fühlte sich offensichtlich wohl, schloß halb die Augen, genoß den Zustand und assoziierte: Sie habe früher nie über Geruch und Wärme das Gefühl bekommen, von den Eltern geborgen und angenommen zu werden. Sie habe sich deshalb zunehmend auf sich selbst zurückgezogen, sei früher glücklich gewesen, unter ihrer eigenen Decke zu liegen, ihren eigenen Geruch zu riechen. Sie habe dazu eine Geste entwickelt: eine Hand zur Faust zu ballen und ganz leicht vor dem Mund hin- und herzuführen, wobei sie die Härchen auf den Fingern an den Lippen gespürt habe. Das habe ihr Sicherheit gegeben und das tue es auch heute noch. Die Mutter sei deshalb wütend gewesen, habe oft erklärt, alle ihre Kinder hätten »Tics« entwickelt.

Ein gutes Jahr nach Therapiebeginn verkündete die Patientin unvermittelt ganz stolz, sie habe sich zur Diplom-Prüfung angemeldet. Sie verband das aber mit schlimmen Ängsten, vergewisserte sich auch, daß ich sie in der Zeit der Erstellung ihrer Arbeit begleiten würde. Das Thema der Arbeit stammte aus einem Untergebiet ihres Studienfaches mit der Bezeichnung »Vulkanologie«. Wir führten uns vor Augen: Der Vulkan ist von oben recht unscheinbar und nichtssagend, geht aber bis tief in die Erde hinein und ist Ausdruck und Ort darunter verborgener enormer eruptiver Kräfte.

In den folgenden Monaten verfertigte sie ihre Arbeit unter großen Qualen, geriet immer wieder in erhebliche depressive Zustände, in denen sie sich für völlig unfähig erklärte; sie erlebte frühere Auflösungssituationen, die sie nur mit selbstschädigenden Verhaltensweisen meistern konnte, vergewisserte sich bei mir immer wieder, daß ich auch zu ihr halten würde, wenn sie die Arbeit »in den Teich setze«, und bezog ansonsten aus meinen Ermutigungen immer wieder Kraft, um weiterzumachen.

Zwischenzeitlich erkundigte sie sich etliche Male, wie lange wir denn überhaupt Zeit hätten für die Therapie. Sie befürchtete wieder, ich würde sie wegschicken.

14 Monate nach Therapiebeginn konnte die Patientin zum ersten Mal ›aus sich selbst heraus‹, also unabhängig von der Umgebung unterscheiden, ob es ihr gut oder schlecht gehe. Sie erlebte das beglückend.

In dieser Zeit traten immer wieder Wünsche auf, einfach nur so daliegen zu können, ohne verpflichtet zu sein, zu sprechen. Dies steigerte sich dann zu dem Wunsch, von mir real gehalten werden zu wollen. Ich ließ dies in einer Stunde zu. Die Patientin legte sich gegen meine Brust, den Kopf nahm ich in meinen rechten Arm, ich deckte sie mit einer Decke zu, so daß sie ganz warm und geborgen auf meinem Schoß lag. Sie blieb völlig regungslos, atmete zunehmend gleichmäßig, nahm dabei meine Atemfrequenz an, sprang dann aber nach 15 Minuten heftig entschlossen auf, legte sich weit entfernt von mir hin, zeigte aber ein glückseliges Strahlen.

Sie äußerte dann etwas später, ihr Gefühl sei so gewesen, als sinke sie immer weiter in mich ein. Das plötzliche Ende habe sie herbeigeführt aus Angst, es könne mir irgendwann zuviel werden und ich könnte sie dann meinerseits zurückschicken; dem habe sie vorbeugen müssen.

Zwei Jahre nach Therapiebeginn legte sich die Patientin am Beginn einer Stunde einfach wortlos hin, blieb so ganz still liegen, kroch vor dem Ende der Therapiestunde zu mir hin, blieb neben mir bäuchlings liegen, so, daß ihr Kopf ganz nah an meiner Jacke lag.

Ich ließ das einfach so geschehen und vermutete, die Patientin würde die Erklärung schon noch »nachliefern«. Sie tat das prompt: Fünf Minuten vor dem Stundenende setzte sie sich entschlossen hin und erklärte, über das Abgelaufene sprechen zu wollen. Es sei für sie ein langer Kampf gewesen, ob sie so nahe an mich heranrücken könne oder nicht. Sie habe sich schließlich überwunden und sei froh deshalb. Sie habe fürchterlich viel Angst gehabt, ich könne sie wegschicken. Der Verstand habe ihr ständig gesagt, was sie wolle, sei Blödsinn und so etwas dürfe sie nicht tun. Das Gefühl habe aber schließlich gesiegt. Ich hatte den Eindruck, daß hier ein Test ablief für weiteres.

In der darauffolgenden Stunde wollte Marion wissen, wie ich mich bei ihrem Vorgehen gefühlt hätte. Ich teilte ihr nach kurzer Überlegung mit, ich hätte sogar einen Moment lang überlegt, ihr anzubieten, sie noch einmal zu halten, hätte dann aber gedacht, daß sie selbst sehr viel besser spüren könne, was sie brauche. Das schien sie sehr zu beruhigen. Sie vergewisserte sich noch einmal, ob denn nicht bei solcher Annäherung sexuelle Gefühle in mir aufkämen. Ich bestätigte ihr, das könne ich nicht absolut ausschließen; aber selbst wenn das einmal der Fall sein sollte, sei ich mir jederzeit dessen bewußt, daß sie nur das Bedürfnis nach Nähe, Geborgenheit und Schutz ausleben wolle, ohne jede sexuelle Gefährdung. Diese Grenze würde ich einhalten.

In der darauffolgenden Sitzung brach es förmlich aus der Patientin heraus: Sie habe die Phantasie, von mir geboren werden zu wollen. Sie erinnerte, was sie bewogen hatte, mich damals als Therapeuten zu akzeptieren. Sie zählte dabei vornehmlich väterliche Eigenschaften auf, die sie in mich hineinprojiziert hatte. Aber in der letzten Stunde sei plötzlich etwas anderes da gewesen: Irgendwie seien da eine Geborgenheit und eine wärmende Nähe zu einem »Etwas«, zu einer irgendwie gearteten Gestalt, aufgetaucht.

Sie habe das Gefühl, daß ihr ihre Mutter gar nicht habe helfen können beim Auf-die-Welt-Kommen. Sie wisse, daß die Mutter bei ihrer Geburt Lachgas bekommen habe. Ob das nicht schon eine kennzeichnende Situation gewesen sei?

Sie war in dieser Stunde geradezu euphorisch, spürte eine erhebliche innere Kraft und Stärke, nannte sich selbst »ein Stehaufmännchen, eigentlich nicht unterzukriegen«. In der Analyse fühle sie sich wie eine Puppe in der Puppe: Es gelte, immer weitere Schichten abzutragen, immer Neues aufzutun, bis man zum inneren Kern vorstoße.

Immer wieder wurde in einzelnen Stunden deutlich, wie sensibel Marion auf mich reagierte. Selbst mir belanglos und alltäglich erscheinende Äußerungen meinerseits wurden unter Umständen empfunden als ein Wegrücken von ihr und ihrerseits mit einem Rückzug beantwortet, der erst wieder von neuer langsamer Annäherung abgelöst werden mußte, um die alte Nähe wiederherzustellen.

Ziemlich genau zwei Jahre nach Therapiebeginn berichtete mir Marion, sie habe im Bahnhof, als der Zug einlief, für einen kurzen Moment erneut den Gedanken gehabt, es sei doch alles vorbei, wenn sie sich vor den Zug werfe. Aber das habe sie früher ganz oft gehabt und habe dann immer

in die Bahnsteig-Mitte zurückweichen müssen, um es nicht zu tun; diesmal habe sie an der Kante stehenbleiben können.
Bald darauf bat sie mich, ihre Hände zu halten, die regelmäßig eiskalt waren. Manchmal setzte sie sich in meine Nähe. Einmal erklärte sie, sie habe sich in der Vorstunde von mir sehr geliebt gefühlt, mein Gesicht habe das ausgedrückt. Sie erinnerte, daß ihr das Gesicht ihrer Mutter meist wie eine Totenmaske vorgekommen sei, starr und gleichförmig. Die Mutter habe auch immer Angst vor Marions Lebendigkeit gehabt. Sie sei für die Mutter ein »Sorgenbeutel« gewesen.
Die Patientin begann, sich in den Stunden regelmäßig in bestimmter Weise hinzulegen; mindestens einen Teil der Stunde brachte sie so zu, daß sie auf der Seite lag, die Knie bis an den Bauch herangezogen, den Kopf auf die Brust gebeugt. In dieser Embryonalhaltung legte sie sich immer so in meine Nähe, daß sie noch ein ganz klein wenig Kontakt zu mir hatte, entweder über ihre Haarspitzen oder über ihre Fingerspitzen.
In diesem Zustand sprach sie nicht, lag nur einfach da, atmete ruhig, schlief aber nie, zeigte mir durch Blinzeln an, daß sie mich durchaus beobachtete. Einmal äußerte sie, sie habe das Gefühl, sie löse sich auf, und das sei so in Ordnung. Es wurde deutlich: Sie konnte sich in diesen regressiven Zuständen jetzt ihrem Gefühl ganz hingeben; sie brauchte sich nicht mehr zu kontrollieren, konnte auch ruhig den Kontakt zu ihren Grenzen verlieren, ohne daß sie das ängstigte.
In den Phasen, in denen sie einfach still dalag, hatte sie aber immer wieder Angst, ich könnte wütend werden, wenn sie keine »therapeutische Leistung« erbringe. In diesen Sitzungen erkannte sie ihr Grundgefühl, daß das »bloße Dasein nicht genug war für ein Lebensrecht«. Einmal sagte sie: »Entweder ich bin angefüllt mit dem, was ich von anderen bekomme, oder es ist nur Leere da. Ich selbst bin Leere.« In einer anderen Stunde sagte sie, sie fühle sich federleicht und ganz wohl und geborgen in meiner Nähe. Sie habe das Gefühl, »da« zu sein. Sie habe in den letzten

Stunden das Gefühl gehabt, als wenn in ihr ein kleiner Keimling entstanden wäre, der nun ganz eigenständig wachse. Es sei das Gefühl von ›bloßer Existenz‹, ohne jede Verpflichtung und mit viel Freude. Sie wolle neu geboren werden und alles hinter sich lassen. Ihr Leben sei nie ihr eigenes Leben gewesen. Sie habe sich ständig in allen Einzelheiten an Vorbildern orientiert. Sie habe für alle möglichen Lebenssituationen bestimmte Personen imitiert – in der Wortwahl, im Ton, im Verhalten. Und sie wisse, sie könne das Leben so bewältigen, aber das wolle sie einfach nicht mehr. Sie wolle nur noch so sein, wie sie wirklich sei. »Aber da ist nichts«, wiederholte sie immer wieder. Ich bestätigte ihr, ja, so sei das eben, da sei nichts. Und daß da nichts sei und sie das erkenne, das sei das erste wirklich Echte, was sie in sich selbst spüre. Aus dieser Mitteilung konnte sie eine innere Beruhigung ziehen, daß ich dieses »Da-ist-nichts« annahm und dabei nicht aufgeregt war, daß ich das offenbar als ganz natürlich und in Ordnung empfand.

In einer Stunde Anfang 1994 erklärte sie, es werde ihr ganz »flau«. Sie trete ein in eine Art Nebel, könne nichts sehen; sie erinnerte sich intensiv an den Traum, den sie in der Anfangszeit der Analyse gehabt habe, in dem sie klein und naß bei mir aufgetaucht sei und ich sie gehalten hätte in meinen Haaren wie in einem warmen Tuch.

Von da an bekamen die Stunden wieder einen neuen Charakter: Die Liege-Phasen in Embryonalstellung hörten auf. Anfang März 1994 äußerte Marion, sie habe das Gefühl, eine neue Phase in der Therapie habe eingesetzt. Früher sei sie von mir abhängig gewesen. Hätte ich damals etwas Falsches gesagt oder sie im Stich gelassen, hätte sie sich umgebracht. Das Erstaunlichste sei, sie hätte ihre Periode wiederbekommen, die jahrelang ausgesetzt habe.

Ich hatte das Gefühl, daß die Therapie nun zum »Selbstläufer« geworden war, daß die Patientin in der Lage war, sich ein neues Leben aufzubauen. Sicher würde es noch viel Arbeit geben und das war auch so.

Die zeitlichen Relationen der geschilderten Abläufe waren mir bis zur Erstellung dieses Beitrages gar nicht bekannt.

Ich habe damals meine Aufzeichnungen gemacht und sie dann jeweils zur Seite gelegt. Wenn man nachrechnet, dann hat die geschilderte Phase, in der die Patientin sich offensichtlich weitgehend in einer Atmosphäre vorgeburtlicher Existenz, d.h. in einer anhaltenden »Intrauterin-Regression« befand, ziemlich genau 9 Monate gedauert. Marion hat also, wie sie das am Anfang der Therapie als Wunsch geäußert hatte, die Schwangerschaft mit ihr und ihre Geburt unbewußt noch einmal in der Therapie inszeniert, hat diesmal in einer tragfähigen Beziehung offenbar so viel Halt bekommen, daß sie hinausfand aus dem Dasein jener Menschen, über die Marthe Burger-Piaget anschaulich schrieb: »Sie machen sich ungeboren, aus Angst zu sterben.«

Nachbemerkung

Die Patientin hat ihre Therapie mittlerweile abgeschlossen. Ihre Selbstdestruktionen, die mit der Verletzung ihres Körpers einhergingen, braucht sie nicht mehr. Sie hat ihren Universitätsabschluß mit einer »Eins« absolviert, merkt mittlerweile aber, daß die seinerzeitige Wahl ihres Studienfaches – Geologie – aus Motiven heraus erfolgte, die heute nicht mehr tragfähig für sie sind. Sie wendet sich seitdem mit großem Engagement und großer Lebensfreude neuen Interessensgebieten zu.

Literatur und weitere Angaben zum Verlauf der Therapie sind beim Verfasser erhältlich.

Klaus Evertz

Das Sehen vor dem ersten Blick

Vorgeburtliche Beziehungssphären in Bildern

»Wir können hoffen, durch künstlerischen Ausdruck mit unserem primitiven Selbst, aus dem die stärksten Gefühle und sogar schneidend scharfe Empfindungen stammen, in Berührung zu bleiben, und wir sind wirklich arm dran, wenn wir lediglich geistig gesund sind.« *(D.W. Winnicot)*

In Kunstpsychotherapien tauchen oft Bilder auf, die mehr oder weniger eindeutig pränatale Situationen thematisieren. Bei diesen Bildern können wir neben den vielen ästhetischen Rezeptionsebenen auch eine ästhetisch-psychoanalytische Rezeptionsebene einnehmen (vgl. den Beitrag Fabricius, S. 33). Es ist kaum zu bestreiten, daß in diesen Bildern Affekt-Muster oder Beziehungssphären Thema sind, die auch Assoziationen über intrauterine Empfindungen deutlich zum Ausdruck bringen. Aber aus welcher Perspektive?

Eine Psychotherapie, die auch pränatale Regressionsfelder berücksichtigt, kann sich in der analytischen Situation auf vier Ebenen beziehen:

– die ursprüngliche Situation im Mutterleib und bei der Geburt;

– die spätere Repräsentation dieser Situation in der Erinnerung, in der verzerrten Erinnerung und der verschlüsselten Phantasie;

– die Rekonstruktion im Beziehungsgeschehen in der psychotherapeutischen Situation;

– die Parallelen zu aktuellen Beziehungs-Konflikten, z.B. die Symbolisierung aktueller Beziehungskonflikte in intrauterinen Bildern oder intrauterinen Geborgenheitssehnsüchten.

Störungen im späteren Reifungsprozeß können mit dem

erwachsenen Klienten in einer Phase der Regression thematisiert werden, so daß die aus vorgeburtlichen und geburtlichen Traumen resultierenden Wahrnehmungsverschiebungen und Handlungsverzerrungen eine Korrektur erfahren können. Die therapeutische Behandlung akuter Wahrnehmungsverzerrungen setzt voraus, daß der Therapeut die unreifen, nicht entwickelten Ich-Anteile des Klienten (den früheren Fötus und Säugling) annimmt, »versteht« und ihn in den Phasen der Regression empathisch begleitet.
Es gibt viele Angebote des Klienten, daß er ganz klein werden möchte – bemerken Therapeuten diese Angebote? Und wenn nicht, warum nicht? Therapeuten spüren in der Gegenübertragung, wo sie Eltern und Mutter sein können und wo nicht. Wo Therapeuten selbst noch ganz klein sind, wollen sie den Klienten möglichst schnell groß haben oder ihn noch kleiner machen – hier passieren die Fehler, zu sehr zu drängen bzw. zurückzustoßen.
Die folgenden Bilder aus verschiedenen psychoanalytischen Kunsttherapien, die hier mit einer Kurzanamnese vorgestellt werden, zeigen perinatale und intrauterine Beziehungs-Sphären, die an bestimmten Punkten der Therapie Thema wurden. Die Bilder sind alle mit Acrylfarben auf Papier gemalt und haben eine Größe von mindestens DIN-A-2.

»Totes Kind – Torso«

Kurzanamnese einer 33jährigen Frau: Medizinstudentin vor dem Abschluß, suizidale Bestrebungen, bisher nur eine kurze Beziehung zu einem Mann, mangelndes Selbstwertgefühl (beste Leistungen, aber sich selbst als »schlecht« einordnend). Ihr Körpererleben ist nachhaltig gestört.
Die Abbildung (Seite 130) zeigt eine Zeichnung der Klientin aus den Anfängen der Therapie, mit einem weiblichen Torso, in dem wie in einem Querschnitt ein Fötus im Uterus zu sehen ist. Dazu sind im Torso die Aussagen »totes

Kind« und »nicht überlebt« eingezeichnet, neben dem Torso steht »keine Sprache«.
Diese Zeichnung zeigt exemplarisch den Kernkonflikt der Klientin. Sie zeigt hier auf einer ersten Ebene ihre Mutter und sich als Fötus während der Schwangerschaft (zweieiige Zwillinge, Mädchen), von der sie weiß, daß die Mutter sehr einen Jungen erwartete, aber auch starke Befürchtungen vor einer Mehrlingsgeburt hegte. Sie spricht von kalter Emotionalität im Mutterbauch. Vier Jahre zuvor hatte die Mutter bereits eine Zwillingsschwangerschaft durchlebt, in der ein Kind im achten Monat im Uterus verstarb. Dieses tote Kind verblieb dort bis zur Geburt des noch lebenden anderen Zwillings einen Monat später. Dieses für die Mutter der Klientin traumatische Ereignis wiederholte sich in anderer Form bei der Geburt ihres zweiten Zwillingspaares. Die Klientin wurde zwar rechtzeitig geboren. Sie war aber erheblich leichtgewichtiger als ihre Zwillingsschwester und mußte noch zwei Wochen zur Beobachtung in der Klinik bleiben, während Schwester und Mutter schon nach Hause entlassen wurden. In dieser Zeit schaute der Vater in der

Klinik nach ihr. Sie blieb nach ihrer Ankunft zu Hause sozusagen das »Leichtgewicht« – im emotionalen Sinne, d.h. die Mutter wandte ihre Aufmerksamkeit in besonderem Maße der Zwillingsschwester der Klientin zu. Daß dann die Klientin in späteren Jahren von ihrem Vater sexuell mißbraucht wurde, bestätigt die These, daß innerhalb einer Familie die von dem einen Elternteil emotional ungeschützten Kinder leichter Opfer eines sexuellen Übergriffs des anderen Elternteils werden. Ihre Zwillingsschwester wurde vom Vater nicht angerührt. (Die Mißbrauchsproblematik stand in den ersten Stunden der Therapie im Vordergrund und wurde dann in den weiteren Stunden angebunden an schon pränatal erlebte Traumatisierungen.)
Auf einer zweiten Ebene sieht sich die Klientin in dieser Zeichnung selbst als Schwangere mit einem toten Kind im Bauch. Das tote Kind steht für die eigenen abgespaltenen Gefühlsanteile aus ihrer intrauterinen Zeit. Sie trifft in diesem Bild die Aussage, daß etwas von ihr im Mutterbauch gestorben ist, nicht überlebt hat und daß es keine Sprache für dieses Geschehen gibt. Sie hofft aber, sich diesen Anteilen ihrer Person zunächst in Zeichnungen nähern zu können.
Im weiteren Verlauf der Therapie geht es um das Einholen und Wiedererleben der »kalten Emotionalität«, um das tote Kind vielleicht doch wieder zum Leben zu erwecken. Mehr und mehr entdeckt die Klientin ihre Fluchttendenz in alltäglichen Kontakten (besonders zu Männern) und kann die Einsicht wachsen lassen, daß diese Fluchttendenz mit dem Schutz ihres inneren Kindes zu tun hat. Sie beginnt, eigene Gefühle kritisch auf Kontaktvermeidungsbestrebungen zu hinterfragen, und ist erstaunt über die positiven Folgen, wenn sie in Begegnungen mit anderen Menschen ihrem bisher als »natürlich« empfundenen Fluchtgefühlen zuwiderhandelt.
Mit einer Fülle von Zeichnungen und Malereien arbeitet sie sich an die unerträglich erscheinenden »toten« Gefühlsanteile heran, um Schritt für Schritt eine neue emotionale Lebendigkeit zu entdecken (Abbildung, S. 132).
Oftmals möchte sie mich, den Therapeuten, in dieser Pha-

se »abtreiben«, indem sie einen Abbruch der Therapie ankündigt, wenn die regressiven Gefühle sie zu überwältigen drohen.
Ein Traum beschreibt deutlich die innere Klärung der im Mutterleib erlebten Verstrickungen mit dem früheren Todesfall und der darin sich zeigenden schwer belasteten Geschichte der Mutter: Die Klientin sieht sich in diesem Traum gebärend. Das Kind kann aber nur mit Kopf und Hals den Geburtskanal durchdringen, da es durch eine Nabelschnurverstrickung um den Hals festgehalten wird und es zu ersticken droht. Sie entwirrt diese Nabelschnurverstrickung mit ihren Händen und stellt fest, daß es zwei Nabelschnüre sind, die sich da um den Hals des Kindes verknotet haben. Dann kann sie das Kind ganz gebären. Es scheint nicht sicher, ob es noch lebt.
Ich sage zu ihr: »Jetzt ist es geboren. Jetzt geht es darum, ob es leben darf.«
Die Zeichnung, die zu Anfang der Therapie entstand, trug bereits den gesamten in der Therapie bearbeiteten Grundkonflikt in sich.

Im folgenden werden weitere pränatale Beziehungssphären, die in Bildern ihren Ausdruck finden, kurz beschrieben:
Ein 36jähriger Mann, Künstler, schwere schizophrene Depression, sieht sich in dieser Zeichnung als Säugling, eingesperrt in einer transparenten Kugel. Das primäre Beziehungsorgan, die Nabelschnur, windet sich wie eine Schlange an einer Leiter hoch und möchte zum Licht. Die Mutter wird als große dunkle Gestalt (Henker, Gespenst) dargestellt. Tatsächlich gab es während der Schwangerschaft mehrere starke depressive Schübe der Mutter, die behandelt wurden. Der Klient versteht sich als abgeschnitten von jeglicher Beziehung in der Hand der depressiven Mutter. Als Künstler dichtet er zum Teil alte Seemannslieder in moderne Pop-Songs um: statt ins weite Meer geht es ins einsame Fruchtwasser hinaus.

Eine 42jährige Borderlinerin, alkoholabhängig, schildert in dieser Zeichnung ihr emotionales Verhungern im Mutterbauch. Die Mutter war während der Schwangerschaft in eine Liebschaft mit ihrem Schwager verfangen.

Eine 50jährige Borderlinerin (vgl. den Beitrag Reinert, S. 112) arbeitet die schwere Vernachlässigung in ihrer Kindheit auf: »Meine Mutter wollte mich immer töten.« Sie berichtet auch von Abtreibungsversuchen der Mutter und sieht sich in diesem Bild als Zelle, Embryo auf der Flucht in die äußerste und tiefste Ecke der Gebärmutter: sich absolut still verhalten und verkapseln, um nicht »erwischt« zu werden.

Eine 30jährige Frau malt eine »Teufelswut« auf ihre übergroße, nicht erfüllbare Sehnsucht nach Liebe und Beziehung. Weil sie ein Kind abgetrieben hat, das als Beziehungsobjekt nicht mehr für sie da ist, scheint ihr diese Sehnsucht unerfüllbar zu sein. Sie trauert um das Verlorengegangene, indem sie hier zugleich ihre Wut über eigene intrauterine Verluste zeigen darf.

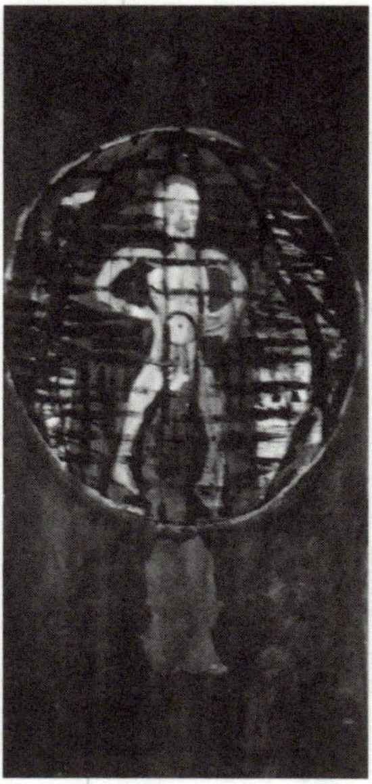

Ein 40jähriger Therapeut zeigt in drei Abbildungen (nebenstehend und S. 136) Ursprünge seiner Depression und präpsychotischer Zustände. In der nebenstehenden Abbildung sieht er sich eingesperrt in eine kreisrunde »Bleikammer«, unter der eine Form von mehreren rosafarbenen Brüsten wie eine Art Ständer zu sehen ist, so daß eine Globus-Assoziation entstehen kann: seine Welt als Gefängnis. Gefängnis, Eingesperrt-Sein in die eigenen Gefühle, keine Resonanz, bleischwere Umgebung.

In seiner zweiten Abbildung geht er in die uterine Angst und Höllenwut hinein und sieht sich in einem Geflecht widerstrebender Kräfte, das sich zentriert in einer gedrehten Nabelschnurform, die das Bild vertikal teilt. Die Eltern hatten ein Geschäft und ein Hotel, und das Kind störte massiv die elterlichen Planungen.

Hier zeigt er die Teufelsmaske des »Mutterrepräsentanten«, in der sich die ganze introjizierte Wut und der Haß gegen die Schwangerschaft verdichtet haben.

Eine 40jährige Frau, die als sechstes Kind von den Eltern unerwünscht war, malt sich in einer Höhle ohne Ausgang. Sie hat das Gefühl, an einen Teil ihrer emotionalen Ausdruckskräfte nicht heranzukommen, und erlebt sich im Kontakt zu anderen Menschen oft »eingesperrt«, d.h. unfähig, das zur Sprache zu bringen, was sie eigentlich beitragen möchte.

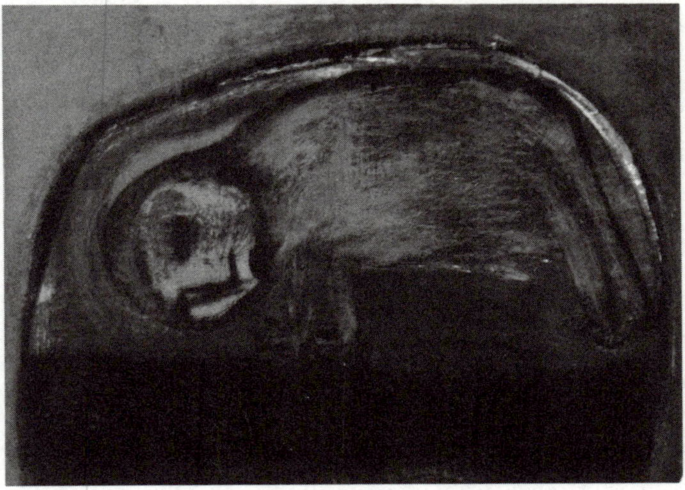

Die letzte Abbildung (Seite 138) zeigt eine Mutter, die auf die belastete intrauterine Zeit ihrer Tochter zurückblickt. Die 65jährige Klientin malt ihre Ehe und die drei Kinder. Ihr Mann ist durch die Sonne oben, sie durch die Sonne unten symbolisiert.
Während sie zwei der Kinder in normalen Umrissen darstellt (Mitte links und halblinks), ist das dritte Kind (Mitte rechts) völlig verwischt gezeichnet. »Das ist mein Sorgenkind«, sagt sie. Das jüngste Kind, eine Tochter, jetzt etwas über 30 Jahre alt, leidet unter der Basedowschen Krankheit, unter Angst- und Verfolgungszuständen und

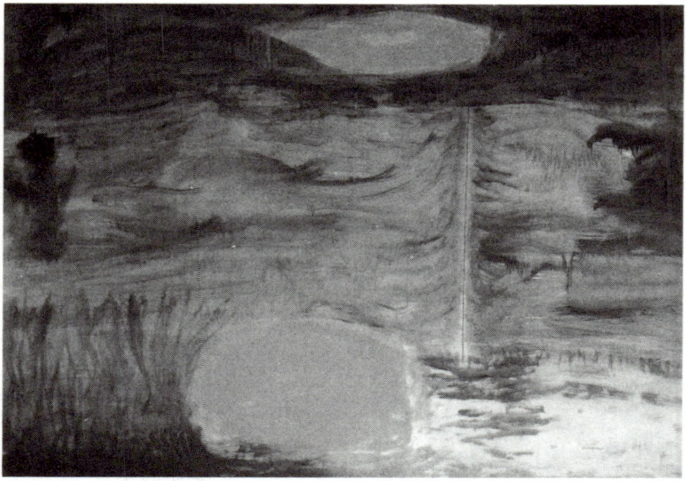

Suizidvorstellungen. Während sie darüber berichtet, frage ich nach, warum denn das dritte Kind so verwischt gemalt wurde. Sie zögert, sagt zunächst, daß ihr der Pinsel ausgerutscht sei, da sie ja eigentlich nicht malen könne. Nach weiterem Nachfragen sagt sie dann, daß sie während der Schwangerschaft mit diesem Kind ein chemisches Mittel genommen habe. Das Kind sollte abgetrieben werden, habe dann aber die Einnahme des Mittels überlebt. Nach weiterem Zögern versteht sie auf einmal, daß die paranoiden Zustände der Tochter ihren Ursprung in dieser »Verfolgung« durch die Abtreibungswünsche und -handlungen der Mutter haben könnten. Die Tochter phantasiert also nicht ihre Verfolgung in dem Sinne einer aus dem Nichts entwickelten krankhaften Vorstellung (wie Phantasie leider in der Psychiatrie noch häufig verstanden wird), sondern erinnert sich unbewußt an diese reale Verfolgung im Mutterleib, bei der es um nichts weniger als um ihr Leben ging. Sie nimmt diese Einsicht zum Anlaß, darüber nachzudenken, wie sie der Tochter helfen kann, indem sie ihr einfach die Wahrheit erzählt. Ich unterstütze sie darin. Umhüllungen, Innenräume, Tunnel, Zimmer, Höhlen, Löcher – hier sind häufig pränatale Erfahrungen im Spiel, die symbolisch ihren Ausdruck finden und in der Therapie bearbeitet werden können. Ein Ausdrucksmittel unter vielen anderen ist das gemalte Bild, das für sich über pränatale Erlebnisse spricht. Das Ausmaß des Schreckens, der Überraschung, Panik, Fremdheit, die diese wieder- und neugefundenen Bilder vorgeburtlicher Erfahrungen bei dem Klienten auslösen, weil sie von ihm »einfach nur gemalt« wurden, sind ein Maßstab für dessen Regressionstiefe.

Vor diesem Hintergund kann Therapie als helfendes Begleiten dann gelingen, wenn die Todes- und Zerstörungsbilder des Klienten den Therapeuten nicht ab-schrecken, sondern er bereit ist, sie sich mit ihm anzusehen und zu bearbeiten.

Literatur

Evertz, K., Todesbilder als Lebenszeichen – Kunsttherapie und Geburtserfahrung. In: The International Journal of Prenatal and Perinatal Psychology and Medicine. Heidelberg 1 (1997) 115–133.

Evertz, K., Die Schwarze Göttin – Bilder aus Körper, Seele und Geist – Kunsttherapie in der Psychosomatik. In: G. Hörmann (Hrsg.), Musik-, Tanz- und Kunsttherapie. Göttingen 3 (1997) 132–146.

Evertz, K., Der Ursprung der Bilder – Pränatale Wahrnehmung, Ästhetik, Kunst und Kunsttherapie. In: The International Journal of Prenatal and Perinatal Psychology and Medicine. Heidelberg 3 (1998) 365–392.

IV. Orientierungen und Hilfen

Hans von Lüpke

Das Kind als Erlöser?

Die scheinbaren Paradoxien des Kinderwunsches

Was ist ein Wunschkind?

1. Eine 36jährige Frau wird nach langjähriger, von ihr als qualvoll erlebter Sterilitätsbehandlung schwanger. Zwei Monate später entscheidet sie sich für eine Abtreibung.
2. Eine 17jährige wird im Urlaub von einem flüchtigen Bekannten schwanger. Obwohl über die Möglichkeiten der Verhütung informiert, benutzten sie keinen Konzeptionsschutz. Unter dem Druck der Familie gibt sie das Kind zur Adoption frei. Ein Jahr später ist sie erneut schwanger. Ihr Kommentar: »Diesmal lasse ich mir mein Kind nicht wegnehmen!«
3. Ein Paar hat bereits drei Kinder, als die Partner zu der Erkenntnis kommen, daß ihre Beziehungskrise nicht mehr lösbar ist und als Ausweg nur noch die Trennung bleibt. Kurz danach ist die Frau erneut schwanger. Die Eltern bleiben zusammen. Das Kind, ein zierliches Mädchen, mischt sich in jeden Streit der Eltern ein, sobald es sprachlich dazu in der Lage ist. Es leidet an Asthma.

Ähnliche Beispiele ließen sich beliebig vermehren. Sind Kinder, die in solchen Situationen gezeugt werden, erwünscht, sind sie unerwünscht? Hat die Frage nach dem Kinderwunsch hier überhaupt einen Sinn? Geht es um das Kind oder um die Bedürfnisse der Eltern, etwa um die Bestätigung ihrer Funktionsfähigkeit als Frau/als Mann? Geben die eigenen Wünsche, die eigenen Ängste den Ausschlag oder der Druck von Familie, Freunden, Kollegen? Geht es um den Wunsch beider Partner, oder trifft ein Partner ohne oder gegen den anderen die Entscheidung? Welche Erwartungen richten sich an ein heiß ersehntes Wunschkind? Welche Wünsche können sich hinter einer ungewollten Schwangerschaft verbergen? Ändert sich die Einstellung zum Kind im Verlauf der Schwangerschaft, nach der Geburt, während der Kindheit? Können Eltern ihre Gefühle zum Kind überhaupt wahrnehmen, oder sind sie so sehr daran gewöhnt, den Erwartungen ihrer Umwelt zu entsprechen, daß sie sich als die »glücklichen Eltern« fühlen, weil sie sich nur so fühlen dürfen, dem »freudigen Ereignis« entsprechend? Welche Rolle spielen sozialpolitische Faktoren mit ihren Auswirkungen auf den Arbeitsmarkt? Und schließlich: Was bedeuten all diese Situationen für das Kind, die Chancen und Risiken seiner Entwicklung?

Diese Fragen zu stellen bedeutet nicht, die Realität von eindeutigen Notlagen – etwa nach Vergewaltigung oder einem Fehlen jeder Art von Aufklärung – zu bagatellisieren, sie psychologisch umzudeuten und damit zu entschärfen. Andererseits zeigt genaueres Hinsehen, daß viele Notlagen, die zunächst als ein soziales Problem erscheinen, sich aus einem verborgenen Beziehungskonflikt entwickelt haben. Die Frauenärztin und Psychoanalytikerin Ortrun Jürgensen vermutet einen solchen Konflikt bei 92% aller Frauen, die den Abbruch der Schwangerschaft wünschen.

Ein Schwangerschaftsabbruch kann Beziehungsprobleme jedoch ebensowenig lösen wie der unbewußte Versuch, die bedrohte Partnerschaft durch ein Kind zu »kitten« (wie in Beispiel 3). Auf dem Hintergrund dieser Dynamik erscheint der geringe Erfolg von Aufklärungskampagnen über Verhütung kaum überraschend. Auch stellt sich die Frage, was solche Konstellationen für das Schicksal der Kinder bedeuten. Es scheint unumgänglich, sich auf die Paradoxien des Kinderwunsches einzulassen.

Schwangerschaft als der Versuch, einem Mangel abzuhelfen

Neben der bewußten Planung einer Schwangerschaft sind es vor allem unbewußte Motive, die den Kinderwunsch bestimmen. Dazu gehört die Hoffnung, ein Kind könne dem Leben wieder Sinn geben, für Demütigungen und Enttäuschungen entschädigen. Noch stärker verborgen ist der Wunsch, Verluste ungeschehen zu machen: den Tod eines Elternteiles, der geliebten Großmutter, eines Geschwisters, die Trennung von einem Elternteil nach einer Scheidung, den Verlust einer anderen wichtigen Bezugsperson. Die daraus resultierende Dynamik kann so dominierend sein, daß nur noch der Kinderwunsch das Leben bestimmt und alle anderen Ziele wie Beruf, Partnerschaft etc. daneben bedeutungslos werden. Das Kind erhält eine »Erlöserfunktion«. Kommt es tatsächlich zur Schwangerschaft, so hält diese Realität der Wunschphantasie nicht stand, ein Abbruch kann die Folge sein (Beispiel 1). »Die Übergänge von Phänomenen des neurotischen Kinderwunsches zum Phänomen der ungewollten Schwangerschaft und Abtreibung halte ich für fließend und denke, daß in beiden Fällen die Schwangerschaft gleich konfliktbesetzt ist« (Jürgensen).

Während in der Schwangerschaft noch ein breiter Spielraum für Phantasien bleibt, führt spätestens die Geburt zur Konfrontation mit der Realität. »Für mich war es ein richtiger Schock, zu sehen, wie Florian von mit wegkrabbelte und nicht mehr genau dann schmusen wollte, wenn ich Lust dazu hatte«, gestand eine junge Mutter. Die Weigerung des Kindes, die ihm zugedachte Aufgabe zu erfüllen, kann ihm als Böswilligkeit ausgelegt werden und zur Bestrafung motivieren: der erste Schritt zur Mißhandlung des Wunschkindes.

Die Bedeutung unbewußter Motive wird besonders bei schwangeren Teenagern deutlich. Die Kinder- und Jugendpsychiaterin Margarete Berger untersuchte Mütter, die bei der Geburt ihrer Kinder zwischen 13 und 18 Jahren alt waren. Alle waren zum Zeitpunkt der Schwangerschaft über Verhütungsmittel informiert. Auffallend war der hohe Anteil an frühen Verlusten wichtiger Bezugspersonen: bei 52% war die Mutter nach der Geburt oder noch vor dem dritten Lebensjahr gestorben; auch bei den in äußerlich heilen Familien Aufgewachsenen hatten 46% um das vierzehnte Lebensjahr herum den Vater durch Tod oder Scheidung verloren. Bei einigen der jugendlichen Mütter, die als ehemalige Heimkinder unter emotionalem Mangel zu leiden hatten, gab es nicht selten eine »fixe Kinderwunschidee bereits während der gesamten Kindheit«. Eine adoleszente Mutter erinnert sich, daß sie sich habe umbringen wollen, falls sie mit sechzehn Jahren immer noch keinen Sohn haben sollte.

Der verborgene Wunsch ist aber nicht der nach einem versorgungsbedürftigen Kind, sondern nach einer Person, der diese selbst unversorgten Mütter betreuen soll. »Der Schrei nach dem Kind ist in Wirklichkeit der Schrei nach der Mutter«, schreibt die Psychoanalytikerin Helene Deutsch. In dieser Konstellation kommt eine Abtreibung nicht in Frage; der Vorschlag, das Kind zur Adoption freizugeben, wird als »Kindesraub« empfunden. Werden solche Kinder unter dem Druck der Umwelt trotzdem abgetrieben oder zur Adoption freigegeben, folgt meist kurz danach eine erneute Schwangerschaft (Beispiel 2). Auch Berger weist darauf hin, daß durch die Konfrontation mit dem realen Kind nicht nur Hoffnungen enttäuscht werden, sondern auch neue Konflikte entstehen können: »Das Geschrei des Säuglings löst Panik aus, denn sie (die Mutter) hört ihr eigenes Weinen.«

Manche der jugendlichen Mütter reagierten auf eine Trennung vom eigenen Vater nicht mit Trauer, sondern versuchten, den Verlust mit Hilfe von Ersatzobjekten ungeschehen zu machen, etwa durch Affären mit älteren Männern (Lehrern, dem Vater der Freundin, dem Bruder der Mutter). Da mit diesen Partnern eine stabile Beziehung nicht in Frage kam – möglicherweise auch gar nicht gewünscht wurde –, waren diese Affären von kurzer Dauer, die Partner wechselten häufig. Berger konstatiert: »Zumeist schon ein Jahr nach dem Verlust des Vaters sind die Adoleszentinnen schwanger.«

Andere Jugendliche wurden schwanger, um einer hochambivalenten abhängigen Beziehung zur Mutter zu entkommen.

Auch in einer Trennungsphase kann – rational völlig widersinnig – ein Kind gezeugt werden. Es scheint der verborgene Sinn dieser Schwangerschaft zu sein, »etwas von

dem guten Anteil der Beziehung im Sinne des sogenannten guten Objekts zu erhalten oder wiederherzustellen«, schreibt Jürgensen.
Kommt es nicht zur Abtreibung, so können diese Kinder unbewußt ihre Aufgabe darin sehen, die Eltern um jeden Preis zusammenzuhalten. Psychosomatische Erkrankungen wie Asthma verweisen auf die ungelöste Problematik von Bindung und Trennung (Beispiel 3).
Eine weitere Gruppe von Kindern, die Verluste ausgleichen sollen, ist die der »Ersatzkinder« nach dem Tod eines Geschwisterkindes. Hier kann kein Zweifel an der Erwünschtheit bestehen. Wie solche Kinder sich jedoch fühlen können, beschreibt Meryle Secrest in ihrer Biographie von Salvador Dalí, der einen verstorbenen, von den Eltern hoch idealisierten Bruder ersetzen sollte: »Seine Eltern zogen jeden Tag Vergleiche zwischen den beiden. Sie gaben ihm dieselben Kleidungsstücke und dieselben Spielsachen. Sie behandelten ihn, als ob er der andere wäre, und Dalí bekam den Eindruck, als ob er nicht wirklich existiere«. Auch Vincent van Gogh war ein Ersatzkind. Auf den Tag genau ein Jahr nach einem Bruder, der tot zur Welt kam, wurde er geboren. Er erhielt den Namen des Bruders. Der Psychoanalytiker Nagera schreibt über van Gogh: »Wir werden nicht überrascht sein, daß er ständig darum gekämpft hat, eine Identität für sich selbst im Leben, eine Identität in seiner Kunst, die nur ihm gehörte, einen einzigartigen Stil zu finden. ... Ein weiterer wichtiger Aspekt seiner Konflikte war die unbewußte Angst vor der Konkurrenz mit dem idealisierten toten Vincent. Unbewußt mußte er gefühlt haben, daß sein Erfolg ein Angriff auf die Erinnerung an den Toten, ein Versuch, seinen Platz in den Gefühlen der Eltern einzunehmen, gewesen wäre. Solche Phantasien sind hochgradig konflikthaft, da Geschwister eines verstorbenen Kindes sich in irgendeiner Form für deren Tod verantwortlich fühlen. Darüber hinaus erscheint es unter diesen Umständen sehr wahrscheinlich, daß Vincent Tod und Erfolg miteinander in Verbindung brachte. Um so geschätzt zu werden wie sein Bruder oder sogar noch höher, mußte er tot wie dieser sein.«

Was bleibt übrig vom Kinderwunsch?

Dieser Überblick könnte das Gefühl zurücklassen, daß die tiefsten Motivationen für den Kinderwunsch egoistische Bedürfnisse sind, die mit den Interessen der Kinder wenig zu tun haben. Schon der »normale« Kinderwunsch wird, folgt man dem Kinderarzt Berry Brazelton und dem Psychoanalytiker Bertrand Cramer, mitbestimmt von dem »Wunsch nach Vollkommenheit und Omnipotenz«, »dem Wunsch nach Verschmelzung und Einheit mit dem anderen«, »Verwirklichung verlorener Idealvorstellungen und verpaßter Möglichkeiten«, »dem Wunsch, alte Beziehungen wiederzubeleben«.
Vielleicht liegt das Problem in der Fragestellung. So sehr es als ein Fortschritt anzusehen ist, daß Fragen wie die nach der Erwünschtheit eines Kindes überhaupt zugelassen wurden und damit dem Resultat »ehelicher Pflichten« die fraglose Selbstverständlichkeit genommen wurde, so wichtig könnte es jetzt werden, die Frage nicht mehr auf ein starres »Entweder – Oder« zu reduzieren. Es geht darum, der Vielfalt der jeweiligen Situationen, von denen im vorangegangenen Überblick nur eine kleine Auswahl genannt werden konnte, gerecht zu werden. Das kann nicht bedeuten, daß jeder Kinderwunsch oder jede Ablehnung tiefenpsychologisch analysiert werden sollte. Eine Konsequenz könnte jedoch darin bestehen, die jeweiligen Konstellationen mit den spezifischen Konsequenzen für die Beteiligten ernst zu nehmen und sie nicht nach einem vorgegebenen Schema abzuhandeln. Diese Schemata sind so sehr eingespielt, daß allein schon die Angabe »erwünscht« oder »unerwünscht« mit oft gespenstischer Konsequenz zu kurzschlüssigen Bewertungen führt: »Dann muß man sich ja nicht wundern, wenn das Kind sich gut entwickelt/schwer gestört ist«. Diese dubiose »Klarheit«, die in vielen Fällen einer Vorverurteilung gleichkommt, kann bei den Müttern (den Eltern) die Angst auslösen, daß auch jede weitere Erklärung gar nicht erst ernst genommen wird. Über eigene Gefühle zu sprechen, erscheint unter solchen Bedingungen zu riskant, Chancen zur Entlastung

werden vertan. Jede Bemerkung könnte in der Weise eingeordnet werden, daß man sich schon wieder »über nichts wundern muß«. Vielleicht kommt es aber gerade darauf an, nicht zu schnell Bescheid zu wissen, sondern sich offen zu halten für die ganz besondere und immer einmalige Situation des Einzelnen, seine Gefühle, seine Not, seine Hoffnungen, die Mischung von beidem: seine Konflikte.
Diese Neugier ist vielleicht auch die Basis dafür, das Kind als andere, eigenständige Person mit Bedürfnissen, Eigenarten und Geheimnissen wahrzunehmen, auch dann, wenn es im Kreuzfeuer der eigenen widersprüchlichen Gefühle und Bedürfnisse steht. Gefährlich wäre es auch, Gefühle zu einem bestimmten Zeitpunkt festzuschreiben und zu übersehen, daß sie sich im Verlauf der Schwangerschaft und während des Zusammenlebens mit einem Kind ständig verändern. Für die Chancen des Kindes ist möglicherweise der Gesamtverlauf dieses Prozesses wesentlicher als die Beziehung zu einem bestimmten Zeitpunkt. So ist bekannt, daß die Wahrnehmung der Kindsbewegungen die Beziehung grundlegend ändern kann: nach Angaben in der Literatur akzeptieren 85–90% der Frauen, die bis dahin die Schwangerschaft abgelehnt hatten, ihr Kind zu diesem Zeitpunkt.
Aus dem bisher Dargestellten ergibt sich, daß alleinige Aufklärung über Verhütungsmittel der vielschichtigen Problematik der Erwünschtheit oder Unerwünschtheit von Kindern nicht gerecht wird. Soll verhindert werden, daß es unter illusionären Erwartungen zu Schwangerschaften kommt, so muß dort angefangen werden, wo es darum geht, die Verlusterfahrungen von Kindern, so wie sie zuvor beschrieben wurden, ernst zu nehmen, ihnen beim Trauern zu helfen anstatt ihnen Informationen zu verweigern und den Ausdruck ihrer Gefühle zu unterbinden. So sollte das Sexualverhalten mancher Jugendlichen eher als ein Notsignal denn als Ausdruck eines »ungezügelten Geschlechtstriebes« verstanden werden. Wie viele Mädchen werden schwanger, weil sie den Geschlechtsverkehr mit seinen möglichen Folgen nur deshalb in Kauf nehmen, weil er ihnen Nähe, Wärme, vielleicht etwas

Zärtlichkeit in Aussicht stellt. Kommt es zur Schwangerschaft, müssen die »Ratschläge« hinter einer geduldigen Begleitung zurücktreten, um die Lösung zu finden, mit der die Schwangere später leben kann.
Und schließlich kann es eine wichtige Hilfe sein, dem Druck, als »gute Mutter« nur »gute Gefühle« haben zu dürfen, zu begegnen. Die Ermutigung, ambivalente, auch feindliche Gefühle zuzulassen, ist nicht nur für die Mutter (die Eltern), sondern auch für das Kind eine große Entlastung. Diese Entlastung hat schon im Verlauf der Schwangerschaft einen Einfluß auf seine Entwicklung. Gerade dort, wo ungeklärte Konflikte zur Schwangerschaft geführt haben, gewinnt die Entfaltung der Gefühle entscheidende Bedeutung. Es kommt darauf an, schon in der Schwangerschaft das Kind aus der Überforderung durch inadäquate, nicht an seinen Bedürfnissen orientierte Aufgaben zu befreien. Auch bei Teenagern kann Schwangerschaft zur »zweiten Chance« werden, wenn sie angemessen begleitet wird. Das Schicksal der Kinder – das ergeben Nachuntersuchungen – ist in erster Linie von den verfügbaren Hilfen abhängig. Bei ausreichender Unterstützung und Begleitung sind sie nicht stärker gefährdet als andere. Ungewollt heißt nicht unerwünscht. Der Wunsch kann verborgen bleiben. Das langersehnte Traumkind zu sein, muß nicht höchstes Glück bedeuten. Die Bedürfnisse des Kindes können der Wahrnehmung der Eltern entgehen, wenn deren eigene Bilder das Feld beherrschen. Das Kind will vor allem wahrgenommen werden, selbst wenn es dabei Haß zu spüren bekommt. Der Kinderarzt und Psychoanalytiker Winnicott betont, daß Haß in der Beziehung zwischen dem Kind und seinen Eltern einen wichtigen Stellenwert hat. Er findet ihn in scheinbar idyllischen Wiegenliedern und stellt ihn der Sentimentalität entgegen: »Sentimentalität können die Eltern nicht gebrauchen, da sie eine Verleugnung des Hasses enthält, und Sentimentalität der Mutter ist vom Standpunkt des Säuglings aus zu nichts gut.« Diese auf den ersten Blick seltsam erscheinende Konfrontation hebt die unendliche Vielfalt der wechselseitigen Verflechtungen von Bedürfnissen zwi-

schen Eltern und Kind nicht auf, schafft aber die Klarheit, die jedem die eigene Position und damit seine Identität ermöglicht.

Literatur

Berger, M., Das verstörte Kind mit seiner Puppe. Zur Schwangerschaft in der frühen Adoleszenz. Praxis der Kinderpsychologie und Kinderpsychiatrie 36 (1987) 107–117.

Brazelton, T.B./Cramer, G.C., Die erste Beziehung zwischen dem Baby und seinen Eltern. Stuttgart 1991, 21–26.

Jürgensen, O./Siedentopf, H.G./Trainer, U., Das Selbstverständnis von Frauen nach Schwangerschaftsabbruch. In: H. Poettgen, (Hrsg.), Die ungewollte Schwangerschaft. Köln 1882, 124.

Winnicott, D.W., Haß in der Gegenübertragung. In: Von der Kinderheilkunde zur Psychoanalyse. München 1976, 75–88.

Helga Levend

Ausgestoßen

Seelische Konflikte als Auslöser für Frühgeburten

Zu früh geboren zu werden, dieses Schicksal betrifft nach Angaben der Welt-Gesundheits-Organisation und des statistischen Bundesamtes in Wiesbaden etwa 7 Prozent aller Neugeborenen, wobei die Zahlen in den verschiedenen Ländern natürlich schwanken. In manchen nichtwestlichen Ländern werden sie gar nicht erfaßt.

Der Frühgeburt eines Kindes geht oft eine Geschichte voraus. Ebenso den vorzeitigen Wehen einer Schwangeren. Es ist eine Geschichte, die meistens unerzählt und ungeschrieben bleibt. Eine Geschichte, die bislang in den Praxen der Gynäkologen kaum zur Sprache kommt, die aber die Kinder auf ihre Weise später erzählen (vgl. den Beitrag Scheffler, S. 81). Bei vielen dieser Kinder kommt es im Verlauf ihres weiteren Lebens zu psychischen Störungen. Doch ist es keineswegs allein das Trauma, zu früh geboren oder per Kaiserschnitt auf die Welt gekommen zu sein, das diese Kinder verstört. Viele Kindertherapeuten wissen heute, daß es lange Zeit vor der Geburt des ›Frühchens‹ zu Störungen, zu einem inneren Bruch zwischen den Eltern und ihrem ungeborenen Kind gekommen sein kann. Nicht wenigen Frühgeburten geht eine problematische, seelisch sehr belastende Lebenssituation der Mutter voraus. »Mutter, Vater und Kind haben einander verfehlt in dieser frühen Beziehungsaufnahme«, wie die Kinder- und Jugendtherapeutin Barbara Friedrich sagt (vgl. ihren Beitrag S. 91).

Eine Untersuchung, die an der Universität Köln von der Ärztin Anette Schwarte durchgeführt wurde, bestätigt die Erfahrungen der Psychotherapeuten. Darin wurden 42 Mütter befragt, die ihr Kind zu früh und mit sehr großen Komplikationen zur Welt gebracht hatten. Die Mütter erzählten, daß sie ihre Schwangerschaft als sehr schwierig

und psychisch belastend erlebt hatten, und dies, noch bevor die Komplikationen in der Schwangerschaft eingetreten waren. Einige erzählten von ihrer großen Angst, den Anforderungen eines Kindes nicht gewachsen zu sein, andere erzählten von der Angst, Kind, Beruf und Partner nicht in Einklang bringen zu können, oder von panischer Furcht vor der Entbindung, und wieder andere erzählten von Konflikten mit dem Partner, die während der Schwangerschaft aufgetreten waren, daß aus einer stabilen Zweierbeziehung eine unstabile Dreierbeziehung geworden sei. Die Hälfte der befragten Frauen gab an, sie hätten nach der Geburt unter der Trennung von ihrem Kind, das im Perizentrum der Klinik behandelt werden mußte, gar nicht oder wenig gelitten. Was hier allerdings noch hinzugefügt werden muß: Die Mütter waren durch die Geburt des Kindes selbst in eine lebensbedrohliche Situation geraten, die sie für sich selbst erst einmal verarbeiten mußten. Körper und Seele bilden eine Einheit. Vor diesem Hintergrund können frühzeitige Wehen, eine drohende Frühgeburt als körperlich-seelischer Vorgang verstanden werden. Darauf verweist die pränatale Psychologie. Auch viele Mediziner haben das inzwischen erkannt. Doch scheint der Umgang mit diesem Wissen für Frauenärzte noch schwierig zu sein.
»Das ungeborene Kind befindet sich normalerweise im Gleichgewicht zwischen Kräften im Mutterleib, die es halten, und Kräften, die es nach unten drücken«, erklärt der Frauenarzt und Psychotherapeut Rupert Linder. »Durch seelische Spannungen können dabei die Kräfte, die nach unten wirken, verstärkt werden. Die körperlichen Zeichen, die auf eine Frühgeburt hinweisen – Veränderungen am Muttermund, ziehende Schmerzen im Unterleib der Frau, Druckgefühle auf den Muttermund, Kindsbewegungen nach unten, die Verhärtung des Bauches – sollten nicht nur organisch bewertet werden, sondern als psychische Signale verstanden werden.«
Nach den Erfahrungen von Rupert Linder helfen wehenhemmende Medikamente nur wenig, um eine Frühgeburt zu verhindern. Außerdem werden die Nebenwirkungen

auf Mutter und Kind meistens noch unterschätzt. »Durch Wünsche und Ängste der Frau können während der Schwangerschaft Spannungen entstehen, die sich körperlich in der Verschiebung des Gleichgewichts am Muttermund an der Gebärmutter auswirken. In der Therapie zur Verhinderung von Frühgeburten ist es wichtig, zu erkennen, wo die Spannungen und der innere, seelische Druck wirklich entstanden sind, denn nur da können sie auch gelöst werden« (siehe die Abbildungen auf S. 155). In seiner achtjährigen Praxis als Frauenarzt hat Rupert Linder 966 schwangere Frauen begleitet. Die Hälfte dieser Frauen kam mit vorzeitigen Wehen zu ihm. Das Ergebnis seiner psychotherapeutischen gesprächsorientierten Begleitung: Nur bei sieben dieser Frauen kam es zu einer Frühgeburt. Ähnlich positive Ergebnisse einer gesprächsorientierten therapeutischen Behandlung schwangerer Frauen, die zu ihr mit vorzeitigen Wehen in die Praxis kamen, kann auch die Frauenärztin Christine Schulz-Züllich verzeichnen. »In meiner eigenen Praxis habe ich etwa 650 schwangere Frauen betreut. Bei keiner dieser Schwangerschaften kam es zu einer Frühgeburt vor der 37. Woche.« Das Fazit, das sie aus ihrer Arbeit zieht, lautet: »Wenn wir Gynäkologen uns Zeit nehmen für Gespräche, eine mögliche emotionale Konfliktlage der Schwangeren in die Diagnostik einbeziehen, der Frau auch den Raum geben, darüber zu reden, dann ist das richtig. Es ist besser für die Frau, über Konflikte zu reden, die Konflikte rauszulassen, anstatt das Kind auszustoßen.« Wenn Frauen über ihre Konflikte reden können, sei es nun über Konflikte mit Eltern und Schwiegereltern, über Konflikte am Arbeitsplatz, über Konflikte mit dem Vater des Kindes, über Ängste, der Mutterrolle nicht gewachsen zu sein, dann lassen auch die vorzeitigen Wehen meistens nach. So die Erfahrung von Christine Schulz-Züllich.

Gemeinsam mit der Frau versucht sie eine begleitende Hilfe während der Schwangerschaft zu erarbeiten, an der die Frau aktiv beteiligt ist. »Ich verordene oder sage einer schwangeren Frau nicht, was sie jetzt zu tun oder zu lassen hat. Ich versuche lediglich, sie mit ihren Streßsituatio-

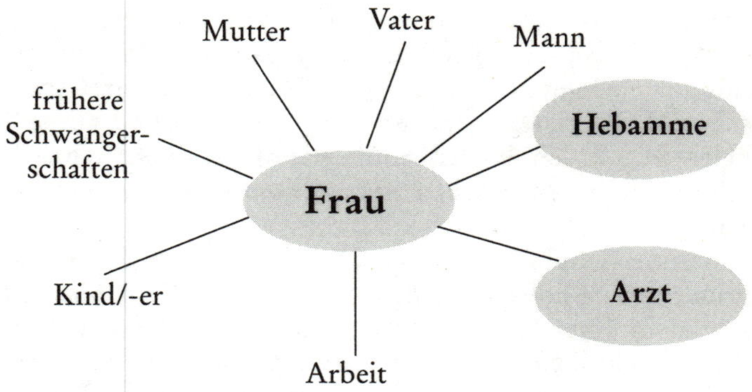

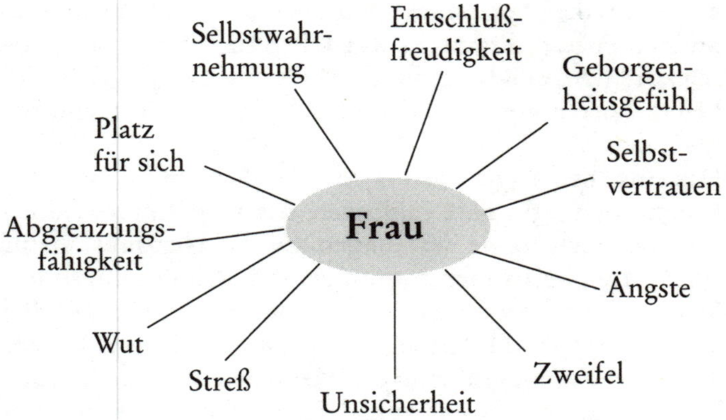

In allen diesen Beziehungsbereichen der Frau nach außen, aber auch durch Wünsche und Ängste im Inneren können Spannungen entstehen, die sich körperlich in der Verschiebung des Gleichgewichts am Muttermund und an der Gebärmutter auswirken.

nen zu konfrontieren und ihre Selbstwahrnehmung zu stärken. Denn das verschüttete, weggedrückte Körpergefühl hat eine gute Chance, in dem Beziehungsprozeß zwischen Mutter, Uterus und Kind wieder erlebt und wiederbelebt zu werden. Wehenhemmende Mittel verschreibe ich schulmedizinisch gesehen nur in homöopathischen Dosen.«

Christine Schulz-Züllich spricht auch vor dem Hintergrund ihrer klinischen Erfahrungen. Als sie vor über 20 Jahren in einer Großklinik mit 2000 Geburten pro Jahr ihre gynäkologische Assistenzzeit absolvierte, hatte sie täglich Frauen zu behandeln, die mit vorzeitigen Wehen ins Krankenhaus eingeliefert wurden. Das wehenhemmende Mittel Partusisten war gerade auf den Markt gekommen, es hatte die Probephase bestanden. In internationalen Kritiken wurde es zunächst als »potentes« wehenhemmendes Mittel gefeiert. Über diese Zeit sagt Christine Schulz-Züllich: »Wir Ärzte stürzten uns mit großer Hoffnung auf die Behandlung mit diesem Medikament und mußten später enttäuscht feststellen, daß trotz der massenhaften Anwendung dieses Mittels weder die Zahl der Frühgeburten noch die Zahl der perinatalen Totgeburten gesunken war.«

Das bis heute gebräuchliche Medikament Partusisten hemmt zwar die Kontraktionen der Gebärmutter, doch bleibt es nicht ohne Wirkungen auf die Herzmuskulatur der Mutter, deren Herzrhythmus auch den des ungeborenen Kindes mitbestimmt (vgl. den Beitrag Zeile, S. 74). Bei der Mutter kann Herzrasen und sogar ein massives Zittern eintreten. Zumindest kann das Medikament große Unruhe bei der Mutter auslösen, zumal wenn sie sich nicht nur um das ungeborene Kind sorgen muß, sondern noch andere Ängste und Sorgen hat. Gegen die Unruhe der Mutter wird dann von Ärzten oft ein weiteres Medikament verordnet. Hier geraten werdende Mütter in einen eklatanten Widerspruch, denn schließlich wissen sie wiederum von den Medizinern, daß Medikamente dem ungeborenen Kind schaden.

Kritische Studien in den achtziger Jahren lassen die Vermutung zu, daß Partusisten das Kind in seiner geistigen Entwicklung behindern kann. In anderen Studien wurde festgestellt, daß die Therapie mit wehenhemmenden Substanzen die Häufigkeit und Intensität von vorzeitigen Wehen nicht verringert.

Trotz dieser enttäuschenden Befunde hat ein Umdenken unter den Gynäkologen anscheinend, bis auf wenige Ausnahmen, nicht stattgefunden. Eine Spurensuche nach psychischen und sozialen Ursachen für vorzeitige Wehen findet in der geburtshilflichen Praxis meistens nicht statt, zumal längere Gespräche von den Krankenkassen nicht honoriert werden. »Die schwangere Frau, ihre Selbstwahrnehmung und Ichstärkung steht leider noch immer nicht im Mittelpunkt der Therapie«, so Christine Schulz-Züllich. »Genau das aber wäre wünschenswert: daß schwangere Frauen im Gespräch mit dem Gynäkologen und anderen Beratungsstellen die Unterstützung bekommen, sich abzugrenzen von zu vielen Anforderungen und selbst entscheiden: Das will ich jetzt nicht. Das kann ich nicht. Das kann ich nicht mehr.«

Cornelia Sabine Thomsen

Unerwünscht und doch auserwählt

Die Bedeutung der Adoption für den Lebenslauf

Meine eigene Adoption liegt inzwischen über vierzig Jahre zurück. Seit etwa zehn Jahren beschäftige ich mich näher mit diesem Ereignis. Meine Ansichten darüber haben sich seither immer wieder verändert. Die Auseinandersetzung mit der Adoption im eigenen Lebenslauf ist vermutlich ein lebenslanger Prozeß.

Zu den eigenen Erfahrungen kommen die Berichte anderer Adoptierter, die ich in der Zwischenzeit kennengelernt habe, ältere und jüngere, etwa bei meiner Arbeit in Selbsthilfegruppen für erwachsene Adoptierte sowie in Fortbildungen für Adoptiveltern und Fachkräfte, in den Jugendämtern und Adoptionsvermittlungsstellen.

Adoption spielt bei den meisten Adoptierten eine entscheidende Rolle im Lebenslauf. Dagegen ist die Auffassung weitverbreitet: »Was macht das schon? Das Kind wurde gleich nach der Geburt in die Adoptivfamilie gegeben, es wuchs dort ganz normal auf. Es lebte in einer ganz normalen Familie, Unterschiede zu anderen Kindern sind nicht erkennbar. Es hat dieselben altersbedingten Schwierigkeiten, hat Schulprobleme, kommt in die Pubertät, beginnt und beendet Schule und Ausbildung, ergreift einen Beruf, heiratet und bekommt Kinder...«

So sehen es viele Adoptierte, viele Adoptiveltern, Angehörige, Außenstehende, Therapeuten und Therapeutinnen, Politiker und Politikerinnen. »Eine ganz normale Familie« mit ganz »normalen Kindern«.

Auch ich bin in dieser Vorstellung aufgewachsen und habe sie erst mit der Zeit aufgegeben. Sehr lange wollte ich überhaupt nicht wahrhaben, daß Schwierigkeiten und Krisen in meinem Leben etwas mit der Adoption zu tun haben könnten. Genausowenig konnte ich einschätzen, daß sowohl die Panik als auch meine Gelassenheit und Zuver-

sicht in manchen Lebenslagen daher kommen, daß ich widrige Umstände zu Beginn meines Lebens gut überstanden habe.
Meine achtzehnjährige Mutter hatte die uneheliche Schwangerschaft geheimgehalten, ich kam in einem Säuglingsheim zur Welt, wo ich für einige Wochen mit ihr bleiben konnte. Danach brachte sie mich in einem Kinderheim unter und ging wieder zur Arbeit, um ihren und meinen Lebensunterhalt zu verdienen. Anfangs besuchte sie mich regelmäßig, aber nach und nach nahmen die Kontakte ab. Schließlich traf sie ihre Entscheidung, nicht zuletzt auf Druck ihres Vaters, mich zur Adoption freizugeben. So kam ich noch als Baby in meine Adoptivfamilie.
Meine Kindheit und Jugend verlief unauffällig, »normal«. Offiziell wußte ich nichts von der Adoption; aber ich habe immer gespürt, daß bei uns etwas anders ist.
Im Alter von sechs Jahren bekam ich auf meinen sehnlichsten Wunsch noch eine Schwester. Sie stammte aus einer anderen Familie und wurde ebenfalls adoptiert.
Ich war gut in der Schule, aufmerksam und wißbegierig. Die wenigen Schwierigkeiten, die ich hatte, ließen sich auf die allzu alten Eltern und ihre »Überbehütung« zurückführen. Erst im Studium gelang es mir, mich allmählich aus meiner Adoptivfamilie zu lösen und eigene Wege zu gehen.
Richtig frei für das Thema Adoption wurde ich nach dem Tod meiner Adoptivmutter. Im Zusammenhang mit meiner Heirat und Schwangerschaft wurde der Wunsch dringlicher, meine leibliche Mutter kennenzulernen. Ich wußte, daß sie etwa ein Jahr nach meiner Geburt geheiratet und in die ehemalige DDR gezogen war. So würde es äußerst schwierig sein, sie dort zu finden. Zudem stellte ich mir vor, sie hätte ein unregelmäßiges Leben geführt, mit zahlreichen gescheiterten Beziehungen.
Mit dem Fall der Mauer im November 1989 wurde die Sache möglich. Zu diesem Zeitpunkt entstand die »Frankfurter Selbsthilfegruppe Erwachsener Adoptierter«, in der ich mitarbeitete. Im Schutz dieser Gruppe gelang es mir, in Kürze den Wohnort meiner leiblichen Mutter herauszu-

finden. Sie war unmittelbar nach der Wiedervereinigung in den Westen übergesiedelt, etwa 100 km von mir entfernt. So konnte ich sie zwei Monate vor der Geburt meiner Tochter treffen. Sie gab mir wichtige Informationen über die Schwangerschaft, meine Geburt und die Umstände, die sie zu ihrer Entscheidung geführt hatten, mich zur Adoption freizugeben.
Etwa ein dreiviertel Jahr später lernte ich meinen leiblichen Vater und meine Halbgeschwister väterlicherseits kennen. Inzwischen habe ich jedoch nur noch lose Kontakte zu meinen leiblichen Verwandten.

Die Adoption hat bei jedem/jeder Einzelnen einen anderen Stellenwert

Die meisten Adoptierten setzen sich zu irgendeinem Zeitpunkt in ihrem Leben intensiv mit Adoption auseinander. Auslöser sind meistens Lebenskrisen oder Schwellen zu einem neuen Lebensabschnitt. Adoptierte können viele Schwierigkeiten häufig erst verstehen, wenn sie die Adoption mit einbeziehen. Um die eigene Identität zu entwickeln, ist es oft entscheidend, die leiblichen Eltern gesucht und gefunden zu haben.
Freilich gibt es auch Adoptierte, für die ihre Adoption nebensächlich ist. Sie haben keine besonderen Schwierigkeiten im Leben, oder jedenfalls ist Adoption für sie in diesem Zusammenhang bedeutungslos. Sie leiten ihre Identität ausschließlich aus ihrer Adoptivfamilie ab und benötigen deshalb für ihre Identitätsfindung keine Auseinandersetzung mit der leiblichen Familie.
Für sie ist die Weggabe eine bewußte Abwendung der leiblichen Mutter, die sie akzeptieren und bejahen. Sie sind froh, mit dieser Person nichts mehr zu tun zu haben. Folglich spüren sie umgekehrt keine Bindungen an sie. Diese Haltung ist häufiger bei Jungen und Männern anzutreffen. Die Gründe dafür sind unklar. Jedenfalls ist zu beobachten, daß sich insgesamt weniger Männer mit der Adoption, z.B. in den Selbsthilfegruppen für erwachsene Adoptierte,

auseinandersetzen. Zu beobachten ist auch, daß manche sich erst später im Leben mit diesem Thema beschäftigen. Es gibt folglich keine allgemein gültigen Regeln, ob und wann die Adoption im Lebenslauf eine Rolle spielt. Da heute insgesamt mit der Adoption offener umgegangen wird, haben Kinder und Jugendliche die Möglichkeit, diesen Aspekt in die Entwicklung ihrer Identität mit einzubeziehen.

Adoption ist ein zweiaktiger Vorgang: Weggabe und Annahme

Oft wird übersehen, daß Adoption ein zweiaktiger Vorgang ist. Er besteht aus der Weggabe und der Annahme. Je nachdem, aus welcher Perspektive sich jemand mit Adoption beschäftigt, wird nur der eine Teil behandelt, dabei gehören sie zusammen. Befürworter der Adoption sprechen hauptsächlich über die Annahme, darunter auch viele Adoptierte – ihre Kritiker heben die Weggabe hervor, ebenso die meisten Adoptierten. Für das Kind ist die Weggabe der belastende und dramatische Teil, die Annahme der positive und lebensspendende Teil.

Dementsprechend sehe ich eine geteilte Elternschaft: die natürliche, leibliche, im Sprachgebrauch vieler Adoptierten die »richtigen« oder »wirklichen« Eltern einerseits, andererseits die sozialen, die »zweiten« Eltern, die Adoptiveltern; auch sie werden manchmal die »richtigen« oder »wirklichen« Eltern genannt.

Die Elternschaft der leiblichen Eltern erschöpft sich zumeist in Zeugung, Schwangerschaft und Geburt – sie ist mit der Freigabe zur Adoption beendet. Wieweit ihre Einflußnahme auf das Leben des Kindes geht, d.h. was »vererbt« wird, läßt sich derzeit nicht abschließend bestimmen, jedoch sind es sicher mehr als äußere Merkmale und Erbanlagen. Bei der Begegnung mit ihren leiblichen Eltern sind Adoptierte überrascht über die Gemeinsamkeiten, z.B. in Bewegungen, Gesten, Körpersprache, Vorlieben und Begabungen.

Die Adoptiveltern übernehmen den weitaus schwierigeren Teil, das Kind aufwachsen und gedeihen zu lassen, für sein Wohl und Wehe zu sorgen. Dies ist eine lebenslange Verpflichtung, die eine schwere Last sein kann.
Viele Adoptierte können die zwei Akte, Weggabe und Annahme, nicht oder nur schwer auseinanderhalten. Wenn Adoptierte wütend sind, schimpfen sie oft über Adoption statt darüber, daß Mütter ihre Kinder nicht aufziehen können und sie deshalb weggeben müssen. Sie sollten auch beklagen, daß Väter ihre Verantwortung nicht übernehmen oder daran gehindert werden.
Wenn ich traurig bin, denke ich über Situationen in meiner Kindheit nach, in der meine Adoptiveltern mich vielleicht nicht richtig verstanden haben. Statt dessen sollte ich über die Umstände trauern, die dazu führten, daß ich nicht bei meiner Mutter bleiben konnte und die Familie meines Vaters mich nicht aufnehmen wollte. Das ist schwieriger und unangenehmer.
Wenn Adoptierte sich mit Eltern auseinandersetzen, dann betrifft das die Adoptiveltern. Die leiblichen Eltern bleiben von Kritik verschont, eine Auseinandersetzung mit ihnen ist kaum möglich.
Die Konsequenzen kennen Adoptiveltern sehr gut. Immer wieder erleben sie, daß die Wut, die gegen die leiblichen Eltern gerichtet sein sollte, ihnen gegenüber ausgelebt wird. Dies kann sich vielleicht etwas verändern, wenn Adoptierte die Zusammenhänge erkennen, die Verantwortlichkeiten innerhalb der geteilten Elternschaft benannt und geklärt werden. Je klarer das Bild der leiblichen Eltern ist, je mehr Informationen Adoptierte und Adoptiveltern über die Herkunftsfamilie haben, um so weniger werden die leiblichen Eltern idealisiert und um so mehr können Weggabe und Annahme unterschieden werden.

Bedeutung der Adoption in den Lebensphasen

In den Lebensphasen eines Menschen spielt Adoption eine wechselnde Rolle. Es gibt bisher kaum wissenschaftliche

Untersuchungen über dieses Thema. So kann ich wiederum nur einige Beobachtungen schildern und einige Anregungen geben.
Die Erfahrungen Adoptierter während der Schwangerschaft gleichen in vielen Fällen denen anderer unerwünschter Kinder. Die Forschungen der modernen Pränatalpsychologie zeigen, daß der heranwachsende Fötus an den Emotionen der Mutter beteiligt ist. Folglich spürt er ablehnende Gefühle der Mutter, die später Existenzzweifel und Überlebenskrisen auslösen können. In manchen Fällen wird das Kind Abtreibungs- und Tötungsversuchen oder -phantasien ausgesetzt, die es überlebt hat.
Da in den meisten Fällen die Mutter ambivalent, also nicht durchgängig ablehnend gegenüber dem ungeborenen Kind ist, erlebt es auch Momente des Wohlbefindens, des Glücks. Diese bleiben eine wichtige Quelle der Energie. Damit sind wichtige Voraussetzungen für das Heranwachsen eines glücklichen Kindes geschaffen.

Geburt und Trennung von der Mutter – Aufenthalt in Heimen

War bereits die vorgeburtliche Existenz zumindest gefährdet oder zweifelhaft, kommt nach der Geburt die oft schwerste Hürde im Leben der Adoptierten: die Trennung von der Mutter (womit hier nicht das Geburtstrauma gemeint ist, das alle Menschen gemeinsam haben und das vielfach untersucht und dargestellt wurde). In zahlreichen Adoptionsfällen hatte die Mutter sich bereits vor der Geburt entschieden, das Kind zur Adoption freizugeben.
In anderen Fällen fällt diese Entscheidung später, nach einigen Wochen oder Monaten nach der Geburt, aber auch mehrere Jahre danach. Manchmal geht die Entscheidung von der Mutter aus, manchmal wird die Mutter zur Entscheidung gezwungen.
Die Trennung von der Mutter bedeutet für den Säugling eine Trennung von ihrer Stimme, ihrem Geruch, ihrem Herzschlag, ihrer Brust. Manche Adoptierte verspüren

eine tiefe Sehnsucht nach der Stimme ihrer Mutter. Für ältere Kinder bedeutet Trennung zumeist, daß die Beziehung zur primären Bezugsperson abgebrochen wird.
Oft kommen die Kinder nach der Trennung von ihrer Mutter nicht gleich in ihre Adoptivfamilie. Zwischenaufenthalte in Pflegefamilien, Säuglingsstationen oder Kinderheimen – mit nicht selten mangelhafter Versorgung – schließen sich an. In diesem Zusammenhang sei darauf hingewiesen, daß dabei Trennungen stattfinden, die zu weiteren Verunsicherungen führen. Viele Adoptierte haben zahlreiche Irrwege durchlaufen, bis die »richtige« Familie gefunden wurde. Manche haben miterlebt, wie die Mutter hin- und hergerissen wurde, weil sie sich nicht entscheiden konnte.
Gleichwohl kann es auch hier positive Erlebnisse für den Säugling geben. Manche erinnern sich an liebevolle Begegnungen mit der leiblichen Mutter, wenn sie eine gewisse Zeit bei ihr sein konnten und von ihr versorgt wurden. Andere trafen auf eine Kinderkrankenschwester, der das Kind aufgefallen war und die sich besonders liebevoll um es gekümmert hat.

Die Adoptivfamilie

Viele Adoptiveltern berichten von turbulenten Umständen, wenn das Kind plötzlich in die Familie kommt. Oft ist die Vermittlung überraschend, wenn sich die leibliche Mutter von heute auf morgen zur Freigabe entschieden hat. Die Adoptiveltern werden von der Adoptionsvermittlungsstelle informiert und müssen sich innerhalb kürzester Zeit entscheiden, ob sie das Kind annehmen möchten. Es folgen hektische Einkäufe einer Säuglingserstausstattung und die Einrichtung eines Kinderzimmers. Während leibliche Eltern in der Regel neun Monate lang Zeit haben, sich auf das erwartete Kind einzustellen, bleiben Adoptiveltern oft nur wenige Tage, manchmal auch nur Stunden Zeit.
Gleichwohl bedeutet die Ankunft in der Adoptivfamilie eine positive Botschaft: »Ja, du bist hier richtig. Wir wer-

den dir einen Platz einräumen. Wir werden für dich da sein!«
Allerdings: Nicht jedes Kind wird wirklich in der Adoptivfamilie angenommen. Teilweise sind Adoptiveltern noch nicht frei für das neue Kind, da sie einen Trauerprozeß über ihre Kinderlosigkeit oder ein verstorbenes Kind noch nicht abgeschlossen haben. Dann wird das Kind von den Adoptiveltern »gebraucht«, was keine gute Voraussetzung für das Gelingen der Adoption ist. Manchmal wird adoptiert, weil man sich erhofft – dafür spricht die Statistik –, danach endlich das eigene Kind zu bekommen.
Am Anfang steht eine Phase des gegenseitigen Kennenlernens. Eltern und Kind versuchen sich zu orientieren. Das Kind versucht, die Eltern auf ihre Verläßlichkeit zu prüfen. Oft gibt es Probleme mit dem Essen und beim Schlafen. Die angebotene Nahrung wird verweigert. Es treten Ein- und Durchschlafstörungen auf. Auffällig ist bei vielen Adoptivkindern, daß sie kaum allein gelassen werden wollen.
Wichtig vom ersten Tag an ist die Haltung der Adoptiveltern. Es kommt hauptsächlich darauf an, wie sie sich selbst verstehen. Ist für sie vorrangig, daß sie jetzt eine normale Familie sind, kann es schwierig werden. Dann besteht die Gefahr, daß Adoption ein Tabuthema wird. Hilfreicher ist es, wenn sie für das neue Kind offen sind, auch für die geteilte Elternschaft. Dann kann vom ersten Tag an mit dem Kind über die Adoption gesprochen werden. Und dies beginnt auf dem Wickeltisch.
Das Problem, wann die Kinder »aufgeklärt« werden sollen, gibt es nicht. »Normalität« ist die Adoption. Manchen Eltern gelingt es, dabei die leiblichen Eltern mit einzubeziehen: »Da deine Eltern dich nicht aufziehen können, tun wir es an ihrer Stelle.« Ist dagegen die Adoption in der Familie tabuisiert, bleibt die leibliche Abstammung das Wünschenswerte. Die Adoption ist die Abweichung. Um so größer ist der Schock, den das Kind erlebt, wenn es später plötzlich erfährt, daß es adoptiert wurde. Wird dagegen Adoption von Anfang an als *eine* Form der Familiengründung verstanden und gelebt, ist die Abweichung nicht

beschämend. In vielen Adoptivfamilien wird heute offen über Adoption gesprochen. Das ist gut für die Kinder.
Auch ich habe in meiner Familie immer gespürt, daß ich nicht das leibliche Kind bin. Ich erlitt keinen Schock. Jedoch finde ich es schade, daß wir in meinem Elternhaus nicht offen darüber gesprochen haben. Ich sehe, daß ich in einer Zeit aufgewachsen bin, in der es zahlreiche Tabus gab. Meine Mutter hatte immer Angst, sie würde mich an meine leibliche Mutter verlieren. Heute würde ich ihr gern mitteilen, daß es anders ist. Ich hätte ihr gerne mehr Dankbarkeit gezeigt und ihr gesagt, wie gut ich es mit meiner Familie getroffen habe.
Offen über die Adoption zu sprechen bedeutet, daß die Kinder sich damit auseinandersetzen können, daß sie im Bauch einer anderen Frau waren, die auch ihre Mutter ist. Die Kinder können sich stets erneut versichern, daß sie bei den Adoptiveltern bleiben dürfen, auch wenn sie wütend auf sie sind.
Kinder stellen sich vor, andere Eltern zu haben, Prinz oder Prinzessin zu sein, sie phantasieren über Vertauschungen bei der Geburt. Bei Adoptivkindern entspricht dies der Realität (vgl. den Beitrag Levend, S. 64). Mit derartigen Spielen erschrecken gerade unaufgeklärte Kinder ihre Adoptiveltern in hohem Maße und ernten unangemessene Reaktionen. Ich kenne Kinder, die wegen solcher Spiele geschlagen wurden oder strenge Verbote erhielten.
Insgesamt ist aber ein Wandel zu erkennen. Früher berichteten Adoptiveltern hauptsächlich, die Entwicklung des angenommenen Kindes sei normal verlaufen. Heute berichten Adoptiveltern von Schwierigkeiten und schmerzlichen Prozessen in den verschiedenen Lebensphasen des Kindes.

Phase Schulkind und Pubertät

In dieser Phase gibt es häufig bereits erste Wünsche, mit den leiblichen Eltern Kontakt aufzunehmen, auch bei Kindern, die »offiziell« nichts wissen. Sie unternehmen erste Aufklärungsversuche. In der Schule gibt es Aufgaben,

den Stammbaum zu zeichnen. Es wird über Geburt gesprochen und Ähnlichkeiten werden untersucht. Auch stellen sie fest, anders als ihre Adoptiveltern auszusehen. Hier gibt es erste Erschütterungen in der Identität, die um so schwerer wiegen, je mehr die Adoption tabuisiert wird. Spätestens in dieser Phase beginnen Adoptivkinder, ihre Eltern wieder zu testen, ob sie wirklich zuverlässig sind. Sie inszenieren Katastrophen, überschreiten ständig Grenzen, halten sich nicht an Vereinbarungen oder sind bockig, unzugänglich, herausfordernd und unverschämt – dies meist mit größerer Vehemenz als andere Kinder. Für die Adoptiveltern gibt es hier erste Begegnungen mit dem »Anderssein« des Kindes, das durch die andere Abstammung und Herkunft bedingt ist. Temperamente zeigen sich genauso wie Begabungen und Neigungen. Auch schwierige Charakterzüge können sichtbar werden. Die Adoptiveltern haben nicht nur Angst davor, in der Erziehung zu scheitern; sie haben Angst vor den »fremden Genen«.
Deshalb ist es angezeigt, in dieser Phase dem Kind altersgerecht alle Informationen über die leiblichen Eltern zu geben. Wenn die Adoptiveltern zu wenig wissen, sollten sie sich bemühen, soviel wie möglich zu erfahren. Sie sollten ihren Kindern voraus sein, also nicht erst tätig werden, wenn die Kinder fragen. Sie sollten kompetent sein, wenn die Kinder herausfordernde Fragen stellen. Jede Information über die leiblichen Eltern hilft ihnen, ihre eigene Rolle gegenüber dem Kind besser zu bestimmen.
Die Pubertät ist oft die schwierigste Phase in den Adoptivfamilien. Es ist für Adoptierte mehr als für andere Jugendliche eine besondere Herausforderung, die Themen: erste Ablösung vom Elternhaus, Identitätsfindung, Sexualität und Beziehungen zum anderen Geschlecht, Weichenstellung für das spätere Berufsleben zu bewältigen.
Für die Adoptierten wird diese Phase um so leichter zu bewältigen sein, je mehr sie sich schon vorher mit der Adoption auseinandergesetzt haben, je mehr sie von der leiblichen Familie wissen. Wenn die erste Beschäftigung mit der Adoption in diese Phase fällt, wird es für alle Beteiligten besonders anstrengend und schwierig.

Oft hilft es in dieser Situation, weitere Informationen über die leiblichen Eltern zu suchen. Bilder können helfen, Ähnlichkeiten festzustellen: Warum habe ich diese Nase, diese Augenfarbe? Für die eigene Identität ist es unerläßlich zu wissen, woher das eigene Aussehen kommt. Es gehört zu den am meisten verunsichernden Erfahrungen Adoptierter, daß sie ihr Äußeres nicht mit anderen Personen in Verbindung bringen können; sie berichten regelmäßig von Schwierigkeiten mit ihrem Spiegelbild. »Ich habe oft in den Spiegel geschaut – und nichts gesehen!«
Ebenso führen Kenntnisse über Herkunft und Geschichte der leiblichen Eltern weg von diffusen Ängsten oder realitätsfernen Hoffnungen. Auch wenn die Umstände, in denen die leiblichen Eltern gelebt haben oder leben, für Außenstehende bedrückend oder schwer vermittelbar erscheinen: die Phantasien der Adoptierten sind immer schlimmer als die Realität.
Im Zusammenhang mit der Adoption kommen oft Prostituierte als abgebende Mütter vor, dies mehr in der Phantasie als in der Realität. Trotzdem sollten wir hier vorsichtig mit unseren Wertungen sein, die oft aus unserer Perspektive der bürgerlichen Wohlanständigkeit kommen.
Bei den Adoptierten gibt es die Braven und die Aufsässigen. Für die »Braven« steht im Vordergrund: Warum und wovon soll ich mich ablösen? Soll ich wirklich den eigenen Halt aufgeben? Infolgedessen passen sie sich an und halten sich von den Aktivitäten der Gleichaltrigen eher fern. Der Prozeß des Erwachsenwerdens wird hinausgeschoben. Die »Aufsässigen« weiten die Ablösung zum Härtetest für die Adoptiveltern aus. Halten sie zu mir oder geben sie auf? Oft folgt eine lange Serie von Provokationen, die eine andere Bedeutung haben als in den leiblichen Familien: dort kann die »Elternschaft« nie so radikal in Frage gestellt werden wie bei Adoptierten.
Wenn es heutzutage Jugendlichen allgemein nicht paßt, sagen sie: »Ich ziehe aus«. Bei Geschiedenen sagen sie: »Ich gehe zu meinem Vater oder zu meiner Mutter«, also zu dem Elternteil, bei dem sie nicht leben. Bei Adoptiveltern sagen sie: »Ich gehe zu meinen richtigen Eltern.« Kinder wissen

intuitiv, womit sie die Erwachsenen am besten treffen können. Je nachdem, wie die Adoptiveltern ihr Verhältnis zu den leiblichen Eltern geklärt haben, verletzt sie diese Aussage. Erneut kann Angst aufkommen, das Kind zu verlieren. Es entsteht das Gefühl, kein vollwertiger Elternteil zu sein. Die Konkurrenz mit der leiblichen Mutter wird neu belebt. Die Adoptivmutter verspürt Neid auf die Schwangerschaft und die Geburt – Zeit und Erlebnisse, die ihr fehlen. Hinzu kommt der Wunsch, Dankbarkeit zu ernten. Jugendliche sind in dieser Phase aber zumeist undankbar. Sie phantasieren über die besseren Eltern. Die leiblichen Eltern bekommen in ihrer Phantasie eine enorme Bedeutung.
Bei Adoptiveltern ist eine gewisse »Überbehütung« weit verbreitet. Was die Kinder bisher, jedenfalls zum Teil, genommen oder zumindest angenommen haben, erweist sich für die Jugendlichen als lästig und hemmend für den Entwicklungsprozeß. Deshalb gehen Adoptierte oft in die innere Emigration oder in die Revolte. Bei den Adoptiveltern verschärft sich das Mißtrauen gegenüber den Genen und der sozialen Realität der leiblichen Eltern. Gerade bei Mädchen wachen manche Adoptiveltern mißtrauisch über die sich entwickelnde Sexualität (vgl. den Beitrag Levend, S. 64). Das kann Adoptierte in eine Wiederholung drängen, z.B. indem sie früh schwanger oder sozial auffällig werden. Hier kann wiederum helfen, wenn Adoptiveltern viel über die leiblichen Eltern wissen, so daß es möglich ist, sich mit ihrem Leben auseinanderzusetzen.
Sexualität erleben Adoptierte als ein schwieriges Thema. Sie sind oft orientierungslos. Sie befürchten, ungewollt schwanger zu werden oder auf andere Weise die tatsächliche oder phantasierte Lebensweise ihrer leiblichen Mutter oder ihres leiblichen Vaters zu wiederholen. Oft bekommen sie wenig Hilfestellung durch die Adoptivfamilie, weil dieses Thema an deren eigene Ängste rührt. Außerdem scheinen Adoptiveltern kein Sexualleben zu haben, da sie ja kinderlos sind. Hier kommt es entscheidend darauf an, welche Offenheit in der Familie herrscht.

Spätere Lebensphasen

In den auf die Pubertät folgenden Phasen stehen Ausbildung, Studium und Berufswahl im Vordergrund, anschließend oder auch gleichzeitig folgt die Partnerbindung und Familiengründung. Das bedeutet: »auf eigenen Füßen stehen«. Spätestens hier wird es lebensnotwendig, die eigenen Wurzeln zu kennen. Wenn die Wurzeln nicht geklärt sind, kann es zu Schwierigkeiten kommen, wie etwa zu Abbrüchen in der Ausbildung. Ohne Identität ist es schwierig, sich im Berufsleben und in der Erwachsenenwelt zu orientieren. Komplizierter, den eigenen Weg zu finden und mit der Enttäuschung der Adoptiveltern fertig zu werden, wird die Situation dann, wenn die Adoptiveltern starke eigene Erwartungen an die Adoptierten hatten, z.B. daß sie ein Geschäft oder einen Betrieb übernehmen sollten.

Bei Partnerschaften und in der Ehe treten bei Adoptierten spezifische Schwierigkeiten auf, z.B. Bindungsängste und Angst vor dem Verlassenwerden. Viele Adoptierte erleben oder reinszenieren mit ihren Partnern oder Partnerinnen Wiederholungen des Traumas, verlassen worden zu sein. Oft brechen sie Beziehungen verfrüht ab, oder sie gehen erst keine engeren Bindungen ein, um nicht verlassen zu werden. Jeder Konflikt, jede Krise in einer Beziehung kann das Drama der Weggabe aktualisieren. Auch ungewollte Schwangerschaften, Abtreibungen oder Weggabe des eigenen Kindes zur Adoption sind bewußte oder unbewußte Wiederholungen (vgl. den Beitrag Levend, S. 64). Familiengründung ist schwierig. Frauen stellen fest, daß sie zum Frau- und Mutterwerden beide Mütter brauchen. Bei der Geburt eigener Kinder stellen sich die Fragen neu: Warum hat meine Mutter mich weggegeben? Warum hat mein Vater nicht für mich gesorgt? In der Schwangerschaft und im ersten Lebensjahr der eigenen Kinder werden eigene Gefühle aus der Kindheit wiederbelebt, oft erschließt sich ein neuer Zugang zur Adoption. Mit den eigenen Kindern können Adoptierte überlegen, wie sich die Adoption in der zweiten Generation auswirkt, wie es ist und was es bedeutet, vier Großelternpaare und eine heterogene Verwandtschaft zu haben.

Zusammenfassung

Wichtig ist für mich inzwischen, daß sich die Beteiligten am Adoptionsgeschehen nüchtern mit den Auswirkungen der Adoption auseinandersetzen. Es ist notwendig, die Schwierigkeiten für die Kinder und Jugendlichen, aber auch für die Adoptiveltern und nicht zuletzt für die leiblichen Eltern zu sehen und zu benennen. Nur dann ist es möglich, Hilfen anzubieten, wo es nötig wird.
Gleichzeitig wehre ich mich dagegen, daß Adoption ausschließlich als Trauma, als schweres Schicksal gesehen wird. Für mich steckt darin auch eine große Kraft. Deshalb ist es wichtig, die Ressourcen in den Vordergrund zu stellen. Adoptierte haben einen ungeheuren (Über-)Lebenswillen. Dieser ist zwar immer wieder gefährdet, aber er bleibt erhalten. Es ist wichtig, sich an ihn in schwierigen Zeiten zu erinnern. Adoptierte mußten früh gute Überlebenstechniken entwickeln und sich zurechtfinden. Sie lernten, sich mit Schreien, Protest oder Anpassung am Leben zu erhalten. Das hilft immer im Leben.
Schließlich bringt Adoption eine gewisse Freiheit mit sich. Es ist möglich, sich von Verwicklungen, sei es in der leiblichen Familie, sei es in der Adoptivfamilie, zu distanzieren: »Damit habe ich nichts zu tun.« Wenn Raum dafür in der Adoptivfamilie entwickelt wurde, kann das Anderssein auch positiv erlebt werden. Um diese Freiheit werden Adoptierte oft beneidet.

Überarbeitete und gekürzte Fassung eines Vortrages im Rahmen einer Tagung für Adoptiveltern am 12. Juli 1997 in der Evangelischen Akademie Bad Boll; weitere Veröffentlichung: »Adoption heute«, Landes-Wohlfahrtsverband Baden, August 1999.

Kontaktadresse:
Gemeinsame Zentrale Adoptivstelle (GZA): Adoptierte auf der Suche nach ihrer Herkunft; Kaiser Wilhelm Straße 100, 20355 Hamburg.

Maria Geiss-Wittmann

»Projekt Moses« für überforderte Mütter

Die seit Jahrzehnten andauernde Diskussion um die gesetzliche Regelung von Schwangerschaftsabbrüchen hat ein Umdenken für den Lebensschutz durch Strafandrohung zugunsten des Lebensschutzes durch solidarische Hilfe eingeleitet. Außer acht blieben die Frauen, die eine ungewollte Schwangerschaft austragen, sich aber nicht in der Lage sehen, das Kind aufzuziehen bei gleichzeitiger Ablehnung, den offiziellen Weg einer Adoptionsfreigabe des Kindes einzuschlagen, weil sie als Mütter unentdeckt bleiben wollen.
Es wird vermutet, daß dramatische Beziehungs- und Familienverhältnisse Frauen veranlassen, ein Kind auszusetzen. Wahrscheinlich wollen sie aus Angst vor Strafe und aus Scham unentdeckt bleiben. Schwangerenberatung, nachgehende Hilfe und Begleitung werden daher nicht in Anspruch genommen. Tatsachenberichte, daß neugeborene Kinder gequält oder gar getötet werden, lassen ebenfalls auf ein äußerst schwieriges Umfeld von Kindern und ihren Eltern schließen.
Das im August 1999 vom Sozialdienst katholischer Frauen (SkF) in Amberg initiierte Projekt »Moses« hat zum Ziel, Frauen, die ein Kind geboren haben, sich in einer extrem belasteten, subjektiv zunächst ausweglos erscheinenden Situation befinden und daher die Aussetzung oder gar die Tötung des Kindes in Erwägung ziehen, zu erreichen, ihnen ein reguläres Hilfsangebot zu machen und sie an eine legale und im Einzelfall praktikable Lösung heranzuführen. Dadurch sollen für das Kind lebensgefährliche Kurzschlußhandlungen und Vertuschungsmanöver der Mutter vermieden werden. Ebenso soll das Image der abgebenden Mutter aufgewertet werden.
Wir entschieden uns für den Namen »Moses-Projekt«, da die Kenntnis der Lebensgeschichte von Moses aus dem Al-

ten Testament in breiten Schichten der Bevölkerung als bekannt vorausgesetzt werden darf. Die Geschichte des Alten Testaments zeigt, wie bedrohtes Leben auch in schwierigsten Situationen durch Nächstenliebe und Verantwortung gerettet werden kann.
Durch die Übergabe des Kindes in der Projektstelle kann ein umfassender Schutz für Leib und Leben des Kindes gewährleistet werden. Das Projekt ist bei der staatlich anerkannten Beratungsstelle für Schwangerschaftsfragen angesiedelt. Die Beraterin erarbeitet mit der Frau Lebensperspektiven für sie und das Kind. Zur Erfüllung der anfallenden Aufgaben bedient sich die Schwangerenberatungsstelle sowohl des Pflegekinderdienstes als auch des Notrufes des SkF.
Ob die Mutter selbst durch entsprechende Hilfestellung das Kind aufnehmen kann, ob das Kind zu Pflege- oder Adoptionseltern oder in eine geeignete Einrichtung gebracht wird, ist in jedem Einzelfall individuell zu entscheiden.
Die derzeitige Rechtslage ermöglicht es in der staatlich anerkannten Schwangerenberatung, daß die Frau auf Wunsch anonym beraten werden kann und die Ratsuchende somit ihre Identität nicht preisgeben muß. Damit soll die Schwellenangst von Frauen abgebaut werden. Mit Hilfe des Anonymitätsschutzes sollen Frauen, die unmittelbar vor der Geburt oder danach glauben, mit ihrem Kind nicht leben zu können, diskret erreicht und aufgefangen werden, bevor sie eine folgenschwere Kurzschlußhandlung für sich und das Kind begehen.
So besteht für die Mutter die Möglichkeit, anonym Beratung und Auskünfte zu erhalten und eventuell auch das Kind in der Beratungsstelle anonym zurückzulassen.
Damit die in § 6 Abs. 2 Schwangerschaftskonfliktgesetz und die im Art. 2 Abs. 3 Bayerisches Schwangerenberatungsgesetz geregelte Anonymität garantiert wird und die Hilfe nach dem Kinder- und Jugendhilfegesetz reibungslos und vertraulich abgewickelt werden kann, bedarf es der Übertragung von Aufgaben der zuständigen Jugendämter der Stadt Amberg und des Landkreises Amberg-

Sulzbach auf den Sozialdienst katholischer Frauen e. V. Amberg.
Rechtsgültige Verträge über die Übertragung von Jugendamtsaufgaben im Rahmen des Moses-Projekts zwischen den o. g. Kommunen und dem Projektträger sind Teil des Projektes.
Eine Mutter macht sich strafbar, wenn sie das Kind aussetzt und die Gefahr des Todes oder einer schweren Gesundheitsschädigung des Kindes in Kauf nimmt (§ 221 StGB). Durch die anonyme Übergabe des Kindes in der Beratungsstelle wird diese Gefährdung für das Kind ausgeschlossen. Es ist nicht davon auszugehen, daß die Mutter wegen Unterhaltsverletzung (§ 170 StGB) belangt werden kann, weil es bei der Übergabe aufgrund der Hilflosigkeit auch an der Leistungsfähigkeit der Frau zur Erbringung des Unterhaltes fehlen wird. Ferner ist die Übergabe nicht als Unterhaltspflichtverletzung, sondern als Hilfe für Mutter und Kind zu sehen.
Es kann angenommen werden, daß sich bei solchen Projektvorgaben Eltern lieber an den Projektträger wenden, als ihr Kind einfach auszusetzen, das Kindesleben zu gefährden und sich damit in die Gefahr der Strafverfolgung zu begeben.
Das Projekt kann nur im Rahmen einer staatlich anerkannten Beratungsstelle durchgeführt werden. Die Beratungsstelle bedient sich des Pflegekinderdienstes zur raschen, reibungslosen und kindgerechten Unterbringung des abgegebenen Kindes, der vorhandenen staatlich anerkannten Adoptionsvermittlungsstelle des SkF Amberg und des Notrufs für Frauen, um immer erreichbar zu sein.
So kann für die Durchführung des Projekts Fachlichkeit und Erfahrung eingesetzt werden:
- im Umgang mit Schwangeren in Konfliktsituationen,
- in der Nachbetreuung von jungen Müttern,
- in der Öffentlichkeitsarbeit,
- bei der Vermittlung von Pflegekindern,
- im Umgang mit ungewollt kinderlosen Ehepaaren, sonstigen Paaren und Einzelpersonen bei der Adoptionsvermittlung.

Hinzu kommen Zuverlässigkeit bei der Anonymitätswahrung für die abgebende Mutter sowie Vertrauen und Zusammenarbeit im Rahmen des Projekts mit Behörden, Justiz und sonstigen Hilfsstellen vor Ort.

Die Höhe der Kosten kann bislang nicht angegeben werden, da keinerlei Erfahrung besteht, ob das Angebot der anonymen Abgabe eines Kindes angenommen wird und wieviele Bearbeitungsstunden dafür erforderlich sind. Im übrigen wird für die Unterbringungskosten von Kindern das Kinder- und Jugendhilfegesetz die rechtliche Grundlage sein.

Die garantierte individuelle anonyme Behandlung der einzelnen Fälle wird durch eine breit angelegte Öffentlichkeitsarbeit ergänzt. Diese hat zu dienen

a) dem Lebensschutz des Kindes,
b) einer umfangreichen Hilfe für die Mutter,
c) dem Bekanntmachen der Hilfsstellen sowie
d) der Weckung und Verbreitung von Verständnis, Solidarität und Hilfsbereitschaft in der Bevölkerung für abgebende Eltern.

Es ist denkbar, daß die Realisierung des Projekts auch Rat und Hilfe in der staatlich anerkannten Schwangerschaftsberatungsstelle vermehrt, vor allem, wenn es sich um unerwünschte Schwangerschaften in einem besonders schwierigen Umfeld handelt, weil bisher die Kenntnis von Familiensituationen ausgesetzter Kinder fehlt.

Zum reibungslosen Ablauf des Projektes sind Verträge mit den betroffenen Kommunen erforderlich. Dazu sowie zum Projekt insgesamt können weitere Informationen über den Sozialdienst katholischer Frauen in Amberg eingeholt werden (Adresse siehe S. 190).

Ludwig Janus

Darf ich sein, wenn ich nicht gewollt bin?

Hilfen für unerwünschte Kinder und ihre Eltern

Das so einfache Sprechen über Gewolltsein oder Ungewolltsein bezieht sich auf sehr komplexe Bezüge, Lebenssituationen und die Gestimmtheiten der Eltern, so daß man sich fragen kann, ob diese Worte nicht zu sehr vereinfachen. Doch bin ich beim Überlegen von Alternativen immer wieder zu diesen einfachen Ausdrücken zurückgekommen, weil sie als Kompaß in dem komplexen Beziehungsfeld einer Eltern-Kind-Beziehung doch gut brauchbar sind, wo meist beide Komponenten vorhanden sind und sich in einer komplizierten Weise mischen können.
Der österreichische Psychologe Rottmann hat mit der Unterscheidung zwischen bewußt oder unbewußt gewollt und bewußt oder unbewußt nicht gewollt eine fruchtbare Unterscheidung getroffen. Ein Kind kann bewußt gewollt sein, aber unbewußt nicht gewollt sein, weil die Mutter sich noch gar nicht zu einer Mutterschaft in der Lage fühlt. Umgekehrt kann ein Kind bewußt ungewollt sein, aber unbewußt doch gewollt sein, einfach weil für die Frau von ihrer Vitalität her eine Mutterschaft möglich ist und sie diese darum auch unbewußt will. Aus vielen Beobachtungen bin ich geneigt, diesem Gesichtspunkt in dem Sinne ein großes Gewicht zu geben, daß die wirklich nicht gewollten und vom Organismus der Mutter abgelehnten Schwangerschaften auch nicht zustande kommen oder nicht ausgetragen werden. Wir wissen, daß viele mögliche Schwangerschaften, insbesondere am Anfang, wegen Unverträglichkeiten und einem nicht Bereitsein des mütterlichen Organismus scheitern können. Von dieser Überlegung her habe ich die Überzeugung, daß die Kinder, die da sind, auch auf irgendeiner Ebene gewollt wurden.

Es scheint mir eine offene Frage zu sein, ob eine direkt geäußerte Ablehnung des Kindes durch die Mutter oder den Vater nicht manchmal einfacher zu verarbeiten ist als – was eher die Regel ist – verdeckte Ablehnung und Ambivalenz, die es einem sehr schwermachen können, sich in der Elternbeziehung und den eigenen Gefühlen zurechtzufinden und auf einen eigenen Weg zu kommen. Eine sehr häufige Form des »Ungewolltseins« oder »Unerwünschtseins« ist die, daß die Eltern innerlich noch zu sehr mit sich selbst beschäftigt sind, daß sie nicht die Zeit haben, sich auf ein Kind wirklich bestätigend einzustellen und ihm seinen eigenen Raum zu geben.
Vielleicht ist dies der Ort, sich zu vergegenwärtigen, daß die Ansprüche an die Elternbeziehung und die Sensibilität für die Elternbeziehung im letzten Jahrhundert enorm gestiegen sind. In der Vergangenheit waren Elternbeziehungen in unserem heutigen Sinne sehr unvollständig. Bürgerkinder wurden ganz selbstverständlich auf das Land zu Ammen gegeben, deren eigene Kinder dies nicht selten mit dem Leben bezahlen mußten. Die Eltern-Kind-Beziehungen waren aufgrund der Müttersterblichkeit und Säuglingssterblichkeit durch eine hohe Unsicherheit geprägt. Erst in den letzten 200 Jahren hat sich die begleitende Elternbeziehung herausentwickelt, die es dem Heranwachsenden ermöglicht, sich in einer Lebenskontinuität zu erleben und sich mit seinen Erfahrungen als Kind und Säugling in Bezug zu setzen.
Wie uns mythische und religiöse Bilder zeigen, ist das Gewolltsein oder Ungewolltsein oder das So-Gewolltsein und So-nicht-Gewolltsein eine Grunddimension menschlichen Selbsterlebens, die Menschen immer beschäftigt hat und heute vielleicht mehr auf einer persönlicheren Ebene ausgetragen wird.
Diese Tiefendimension der Frage nach dem Gewolltsein oder Ungewolltsein erklärt auch einen Teil des Tabus, mit dem diese Frage belegt ist. Darf ich sein, wenn ich nicht gewollt bin? Das ist verbunden mit der Frage: Darf ich mich wirklich von mir her wollen oder muß ich mich nicht, wie früher üblich, nach dem »höheren Willen« der

Autoritäten, welche es auch immer seien, richten? Nach meinem Eindruck können heute solche Fragen gestellt werden, weil es uns in den äußeren Lebensbedingungen unvergleichlich viel besser geht, als es den Menschen früher ging, und wir auch vital in einer ganz anderen Sicherheit leben als die Menschen früher.

Wenn eine Frau im Mittelalter nach einigen Schwangerschaften mit ihrem Tod rechnen konnte, wenn ein hoher Prozentsatz der Kinder bei der Geburt oder im ersten Lebensjahr starb, dann entsprach dies einer solchen ängstigenden Unsicherheit, daß die Frage nach einem persönlichen Gewolltsein oder Ungewolltsein oder nach einem persönlichen Willen gar nicht in den Blick kam.

Wir stehen also in gesellschaftlichen Evolutionsprozessen und ebenso in Prozessen der Evolution unseres Selbsterlebens. Unser Leben wird nicht mehr wie früher von schicksalhaften Gegebenheiten beherrscht, denen wir uns unterzuordnen haben und deren Willen uns bestimmt. Umgekehrt stehen wir heute vor der Chance und Möglichkeit einer eigenen Lebensgestaltung aus unserem eigenen vitalen Urgrund heraus und einer Übernahme von Verantwortung für das eigene Leben. In diesem Kontext gewinnt die Frage nach dem eigenen Gewolltsein oder Ungewolltsein oder So-Gewolltsein oder So-nicht-Gewolltsein Bedeutung und Profil. In diesem Verständnis ist dies nicht eine Frage, mit der sich einige Benachteiligte auseinanderzusetzen haben, sondern eine Frage im Zusammenhang mit jeder eigenständigen Lebensgestaltung, also die Frage: Wie bin ich gewollt oder nicht gewollt, und wie will ich mich selbst oder wie will ich mich selbst nicht?

Die komplexer werdende Welt stellt immer mehr Menschen vor diese Frage, wer und wie ich sein will, weil es einfach immer weniger möglich ist, dieser Frage dadurch auszuweichen, daß ich sie irgendeiner äußeren Vorgabe überlasse.

Nun stellt sich Menschen, deren Existenz von den frühen Anfängen her sehr grundsätzlich in Frage gestellt wurde, diese Frage nach dem eigenen Wollen sicher entschiedener und nachhaltiger. Darum ist es bestimmt kein Zufall, daß

die moderne Psychotherapie mit Freud und seinen Schülern von einer jüdischen Gruppe entwickelt wurde, einfach weil sie sich als Juden mit einem grundsätzlichen Ungewolltsein in einer christlichen Gesellschaft elementar auseinanderzusetzen hatte. Vom Ungewolltsein her war es nur stimmig, sich mit dem ureigenen vitalen Ich und seinen Wünschen auseinanderzusetzen, mit den eigenen Trieben, wie Freud es nannte, oder mit dem eigenen Wollen, wie sein Schüler Rank es nannte. Verkürzt könnte man auch sagen: Wenn sich die Gesellschaft nicht um meine Entwicklung kümmert, muß ich mich selbst um meine Entwicklung kümmern, wenn sich meine Eltern nicht um mich kümmern, muß ich es selbst tun. Wenn mir nicht mehr vorgegeben ist, wie ich leben soll oder die Vorgaben unglaubwürdig geworden sind, muß ich meine Lebensgestaltung selbst in die Hand nehmen.
In diesem weiteren Sinne könnte man die moderne Psychotherapie als eine Hilfe und Selbsthilfe für ungewollte Kinder verstehen, und dies ist auch durchaus richtig so. Im Zusammenhang mit diesem Buch geht es jedoch um die Situation von Menschen, deren Gewolltsein in einer besonders unvermittelten und exemplarischen Weise in Frage gestellt worden ist, und diese sollen unterstützt werden. Dabei bleibt im Blick, daß es um eine Frage geht, die jeden betrifft, und zwar nicht nur als Frage nach einer Beschädigung, sondern eben als Herausforderung, sich innezuwerden, wie er oder sie sich will und sein eigenes Leben leben will.

Erscheinungsformen des Ungewolltseins

Es ist sehr wichtig, sich den Facettenreichtum von Gewolltsein und Ungewolltsein auch im historischen Kontext zu vergegenwärtigen. Die persönliche Liebe zum Ausgangspunkt einer gemeinsamen Lebensplanung und auch Familienplanung zu machen ist, wie einige Soziologen meinen, eine »Erfindung« des 19. Jahrhunderts. In der feudal-agrarischen Struktur des Mittelalters und des Ba-

rock waren für die Heirat und Familienbildung maßgeblich pragmatische gruppen- und familienpolitische Aspekte entscheidend. Die Bindung an das Kind war unpersönlicher und funktionaler; in unserem Sinne persönlich willkommen war damals die Mehrzahl der Kinder nicht. Sie sollten nützliche Arbeitskräfte sein oder eine politische Machtstellung garantieren.
Vom Bürgertum ausgehend, rückte im 19. Jahrhundert die Liebesbeziehung als Grundlage der Lebensplanung in der Gesellschaft mehr in den Vordergrund. Dies ist aber eine allmähliche Entwicklung, und erst in den letzten Jahrzehnten haben sich die Wahlmöglichkeiten für die Mehrheit der Gesellschaft wirklich erweitert und sind unumstritten der Hauptgesichtspunkt einer Lebensplanung geworden. Diese Stärkung der Partnerbeziehung als Grundlage für die Lebensplanung wurde dadurch unterstützt, daß seit der Erfindung der Pille die Paare ihre Familie auch wirklich mit größerer Sicherheit planen können, während in der Geschichte davor die Gesellschaft von der biologischen Dynamik der Sexualität und Fortpflanzung mehr oder weniger überrollt wurde, so daß die Frage von gewollt oder ungewollt nur marginale Bedeutung hatte. Die herkömmliche Auffassung, das Kommen der Kinder als gottgewollt anzunehmen, wirkte gewissermaßen als Schutz und Halt, verdeckte aber gleichzeitig die Beziehungswirklichkeit. Oft wird sie auch heute noch verdeckt. Besonders erschütternd in diesem Zusammenhang war für mich das Bekenntnis einer katholischen Mutter von 10 Kindern in einer Gesprächsrunde im Fernsehen, sie habe eigentlich keines dieser Kinder gewollt.
So stehen wir also heute in einer Übergangssituation, wo die alten Verleugnungen noch bestehen, aber doch auch ein wirkliches Fragen möglich ist und gar nicht selten auch eine Auseinandersetzung mit den Eltern oder auch anderen Personen.
Das Entscheidende ist, überhaupt zu der Frage, wie und in welcher Weise war ich gewollt oder nicht gewollt, vorzudringen, sie ernst zu nehmen und sie zu stellen. Es ist eine Grundlagenfrage, mit der man sich immer wieder neu be-

schäftigen kann, die immer wieder neue Antworten im Lebenslauf finden kann und immer wieder neu beschwerlich ist. Sie kann auch neue Kräfte und kreative Impulse freisetzen.

Die Ablehnung kann offen sein, meist trifft sie jedoch verdeckt und indirekt als Vernachlässigung, Kühle, Distanz, Mangel an Engagement und in besonderer Weise dadurch auf, daß das Kind funktionalisiert wird oder auch für das eigene Gleichgewicht gebraucht wird. Um dies anschaulicher zu machen und Anregungen zu geben für eigenes Fragen, seien ganz unsystematisch einige Selbstaussagen von Erwachsenen, die als Kinder unerwünscht waren, zusammengestellt: »Ich war zuviel«; »Ich war nicht mehr gewollt«; »Ein weiteres Kind wollten meine Eltern auf keinen Fall«; »Meine Mutter wollte meinen Vater durch ein Kind binden«; »Meine Eltern konnten mich wegen des Hausbaus überhaupt nicht brauchen«; »Ich war für meine Mutter eine Heimsuchung«; »Meine Existenz hat mir meine Mutter lebenslang zum Vorwurf gemacht«; »Ich habe das Leben meiner Mutter ruiniert«; »Nur mein Vater hat mich gewollt«; »Meine Mutter wollte auf keinen Fall schwanger sein«; »Ich war für meine Mutter und die Familie das ›Russenkind‹«. Ich denke, diese Aussagen können aus eigener Lebenserfahrung weiter fortgesetzt und ergänzt werden.

Oft ist es erstaunlich, wie wir aus vielen Selbstaussagen wissen, wie ungewollte Kinder gerade über dieses Wissen, »woran sie sind«, einen Weg in ein eigenes, von ihnen bestimmtes Leben finden. Es braucht dann um die harte Tatsache nicht herumgeredet werden, was sehr entlastend für alle Beteiligten sein kann. Schwieriger und verwirrender sind halbe Ablehnungen oder Verleugnungen. Dann kann sich das undeutlich Gespürte wie ein unerklärlicher Schatten im Lebensgefühl und Selbstgefühl breitmachen, ohne daß man einen Weg findet, damit umzugehen. Besonders krass war dies bei einer Patientin von mir, die das Leben als ein KZ erlebte und von der ihre Mutter sagt, sie sei ihr Sonnenschein gewesen. Dahinter stand aber die Realität einer als Heimsuchung erlebten Schwangerschaft, in der

das Kind für sie eine Art monströser Verfolger war. In der »Sonnenschein-Idylle« suchten Mutter und Tochter Zuflucht vor den grausamen Anfangsbedingungen. Dies schwächte aber den Lebenswillen der Tochter und verhinderte die Möglichkeit, sich im »grausamen« Leben zu behaupten, so daß sie sich das Leben nahm.
Doch muß die Verdrängung eines Wissens um ein Ungewolltsein nicht notwendig verhängnisvoll sein, sondern ist in den meisten Fällen ein Zeichen dafür, daß die Kräfte des Gewolltseins überwiegen, auf die man sich in seiner Lebensgestaltung stützen kann. Eine typische Form, in der sich die Realität elterlicher Ablehnung durchsetzen kann, sind Selbstunwertgefühle, Verlassenheitsgefühle und das Gefühl, häßlich »hassenswert« und überflüssig zu sein. Eine andere Form des verdeckten Auslebens von Ungewolltsein kann das immer erneute Eingehen von unglücklichen Beziehungen und schädlichen Lebensarrangements sein. Diese Zusammenhänge sind aus der psychotherapeutischen Literatur bekannt. Nur verkannte man sie lange Zeit als Manifestationen des »Böseseins« des Kindes, seiner sadistischen oder masochistischen Triebhaftigkeit. Das reale Unglück des Kindes wurde trotz aller Zuwendung und Bemühung in der Psychoanalyse in seiner Tiefendimension nicht selten verkannt. Das wirft ein bezeichnendes Licht auf die frühere Fremdheit und Unbezogenheit zum Kind, das in seiner triebhaften Wildheit nur durch Erziehung zu einem Kulturwesen veredelt werden konnte. Hier befinden sich die psychoanalytischen Grundaussagen über die ungezügelte sexuelle und aggressive Triebhaftigkeit des Kindes in einer merkwürdigen Nähe zu den Grundannahmen einer heute obsoleten und schon weit entfernt anmutenden Erziehungswelt einer »schwarzen Pädagogik«.

Hilfen zur Selbsthilfe

Die folgenden Hinweise und Anregungen sind weniger Hilfen im üblichen Sinne als vielmehr Hilfen zur Selbsthilfe. Im vorigen Abschnitt ist deutlich geworden, daß das Thema des Ungewolltseins sehr viele Aspekte hat und die entscheidende Hilfe in der Anregung besteht, die eigenen Lebenswünsche und Lebenserwartungen selbst zu thematisieren und das eigene Leben selbst in die Hand zu nehmen. Dabei ist es wichtig, sich die Hilfen des weitläufigen Therapiemarktes nutzbar zu machen, die ganz persönlich zu einem passen. Das kann kein Therapeut für die betroffene Person erledigen. Die eigene Intuition und Neugier mit Blick darauf, was hilfreich ist, muß der Kompaß sein. Im blinden Vertrauen auf einen Therapeuten kann sich sonst nur allzu leicht das blinde Vertrauen, das das Kind von den Schattenseiten der Elternbeziehung schützen sollte, in unglückseliger Weise in der Therapeutenbeziehung fortsetzen.

Nun geht es hier besonders um die Situation, in der die elterliche Ablehnung, das Ungewolltsein der entscheidende, die Familiensituation und die eigene Entwicklung bestimmende und hemmende Faktor war. Das Entscheidende ist, zu der Frage nach dem so oder so Gewollt- oder Nichtgewolltsein vorzudringen und ihr wirklich nachzugehen. Das kann in der tiefsten Schicht der Seele den Mut bedeuten, nach Abtreibungsversuchen oder Folgewirkungen davon zu suchen. Tiefe Panikgefühle, Selbstvernichtungstendenzen, das Eingehen von selbstdestruktiven Lebensarrangements, das Aufsuchen von lebensgefährdenden Grenzerfahrungen usw. können Hinweise auf eine Abtreibungserfahrung sein. In der Elterngeneration der vor der Erfindung der »Pille« Geborenen war dies ein nicht seltener, aber kaum erkannter Lebenszusammenhang, einfach weil das Tabu zu groß war. Aber trotz der Möglichkeiten einer Geburtenplanung durch die Pille stolpern immer noch allzu viele junge Frauen und Paare in ungewollte Schwangerschaften hinein, die dann zu Abtreibungsversuchen führen. Wir wissen heute, daß unser emotionales Gedächtnis, unser Erlebnisgedächtnis all diese Ereignisse gespeichert hat. Lebensbelastungen aller Arten können diese in sicheren Lebenssituationen in der Verdrängung gehaltenen, archaischen Erfahrungen durchbrechen lassen und zu irrationalen Gefühlen und irrationalem Verhalten führen. Wenn es hier gelingt, innerlich Klarheit zu gewinnen, kann dies ein ganz einschneidender Schritt der Selbstbefreiung sein, um so mehr noch, wenn dies mit der Mutter oder mit den Eltern besprochen oder gar durchgearbeitet werden kann.

Ein Beispiel hierfür war für mich ein junger Mann, der in verhängnisvoller Weise intensiver werdende Beziehungen scheitern ließ, »um sich zu retten«. Er war dadurch in Gefahr, sich seine realen guten Lebens- und Entwicklungschancen zu verbauen. Merkwürdig fremde Phantasien von Getötetwerden waren der Hinweis auf einen Abtreibungsversuch, der in diesem Falle auch wirklich aufgeklärt und mit den Eltern durchgearbeitet werden konnte. Hier war es so, daß der Abtreibungsversuch mit einer Beziehungskrise der Eltern in der Schwangerschaft zusammenhing, aber nicht Ausdruck einer grundsätzlichen Ablehnung war.

Ein anderes schwieriges Feld ist das Weggegebenwerden in der Säuglingszeit. Dies kann Ausdruck wirtschaftlicher Not sein, aber auch und gleichzeitig Ausdruck eines unvollständigen Gefühls für die Grundbedürfnisse des Säuglings. Die Bedeutung der frühen Mutter- und Elternbeziehung für eine stabile Bindung und eine stabile Identität ist in ihrem Ausmaß erst in den letzten Jahrzehnten erkannt worden und erst in den letzten Jahren breiteres Allgemeingut geworden. Noch vor wenigen Jahren galt in weiten Kreisen das Weggeben des Kindes an nähere oder weitere Verwandte als unbedenklich-praktische Maßnahme. Hinter solchem Weggeben aus tradiertem Unwissen konnte sich aber durchaus auch ein Ungewolltsein verbergen oder auch ganz offen zum Ausdruck kommen.

Wie die Gewichte im einzelnen sind, gilt es durch Fragen zu klären. Denn wir wissen heute, daß ein solches Weggegebenwerden immer ein bedeutsamer und tiefer Eingriff in die Entwicklungsdynamik des Kindes ist und eine große Herausforderung für die eigenen Potentiale darstellt. Ein Beispiel ist etwa eine Patientin Ende 20, die über eine Zurücksetzung in einer beruflichen Situation in eine tiefe depressive Selbstverunsicherung geriet, aus der sie sich nicht mehr aus eigener Kraft befreien konnte und deshalb eine Psychotherapie suchte. Ein hinweisender Traum war: Sie fährt mit einem Auto über eine Brücke, verliert die Kontrolle über den Wagen, durchbricht das Geländer und stürzt in den Abgrund. Die frühe Beziehung zu den Eltern war für sie nicht die Brücke ins Leben gewesen, sondern der Sturz in den Abgrund eines Weggegebenwerdens, was ihr nur ein psychisches Leben mit Einschränkungen erlaubte. Sie war auf besondere Zuwendungen in beruflichen Situationen angewiesen, um nicht in ihre archaischen Verlustängste zu stürzen. Die Aufklärungen durch Aufarbeitung dieser Zusammenhänge ermöglichten es ihr, die berufliche Situation wieder in die Balance zu bringen und dadurch auch ihre private Situation zu sichern und ihre Lebensmöglichkeiten wahrzunehmen. Die gute Großmutter oder gute Tante können nicht immer rettend sein und die Kompensationen des Weggegebenwerdens ermöglichen. Es ist wichtig, sich über diese Zusammenhänge und Belastungen in der eigenen Lebensgeschichte klar zu werden, um sich vor Kurzschluß- und Panikreaktionen zu schützen.

In übermäßigen Strafen bis hin zu Mißhandlungen, wie sie früher in Deutschland weithin üblich waren, kann sich ein Selbsthaß der Eltern ausdrücken, der sich in einem Haß auf das Kind oder den Jugendlichen entlädt. Hierbei kann das Ausmaß der Ablehnung ganz unterschiedlich gewesen sein. Ob man aus den belastenden Erfahrungen der Kindheit allein herausfinden will, oder ob man sich eine psychotherapeutische Situation gönnt, um nachträglich die schwierigen Erfahrungen durchzuarbeiten und einen neuen Startpunkt für sich zu finden, kann und muß jeder ganz für sich selbst entscheiden.

Auch die Scheidung eines Elternpaares und die Folgen für das Kind seien hier noch erwähnt. So vielgestaltig die Gründe einer Scheidung sind, so vielgestaltig sind die Auswirkungen für das Kind, und je früher die Scheidung, desto tiefer der Zweifel des Kindes an seiner Bedeutung und Wichtigkeit für die Eltern. Es hängt zwar auch hier

von den Kompensationsmöglichkeiten im Umfeld ab, wie schädlich sich eine Scheidung für das kleine Kind auswirkt, doch sind die Auswirkungen auf das Kind wirklich ernst zu nehmen, um sie durcharbeiten und integrieren zu können.
Eine weitere wichtige Rolle im Zusammenhang mit dem Ungewolltsein spielt die Ablehnung des Geschlechts. Zurücksetzungen aus diesem Grund waren früher entsprechend den weniger bewußten Bindungen zum Kind oft sehr unbedenklich. Sie betrafen von der patriarchalen Tradition her mehr die Mädchen. Solche Ablehnungen sind u.a. deshalb so schwerwiegend, weil sie eine die ganze Kindheits- und Jugendentwicklung von früh an begleitende Konstante sind. Die kulturelle Entwicklung und insbesondere die feministische Bewegung haben hier in den letzten Jahren eine ganz neue Sensibilität und eine neue Situation geschaffen. Die bewußte oder unbewußte Ablehnung des Geschlechts des Kindes durch die Eltern ist heute eher individuell bestimmt. Es gibt sie aber immer noch. Die Mutter wünscht sich z.B. einen Sohn, weil sie selbst in ihrer Herkunftsfamilie als Mädchen nicht willkommen war oder ein Vater wünscht sich zur Kompensation einer Schwäche eine Tochter, weil er sich da mehr Bestätigung erhofft.
Heute ist die fehlende Bereitschaft der Eltern zur Übernahme der Elternrolle, aus welchen Gründen auch immer, sehr vielgestaltig. Es gibt die Spielbreite von einer klaren und verantworteten Entscheidung für die Freigabe zur Adoption bis hin zur chaotischen Situation einer süchtigen und sozial deprivierten Mutter. Dabei macht es einen großen Unterschied, ob die Mutter vorgeburtlich ihre Mutterschaft instinktiv oder auch bewußt hat annehmen können und erst nach der Geburt die Verbindung zum Kind nicht mehr wahrgenommen wurde oder ob von Anfang an Störungen oder Traumen oder grundsätzliche Ablehnungsgefühle wirksam waren. Die minuziöse Analyse der ganz individuellen Umstände ist wichtig. Kleine Unterschiede und eventuelle Kompensationsmöglichkeiten können Riesenunterschiede in der Entwicklung zur Folge

haben. So gilt offenbar besonders für dissoziale Entwicklungen und die Gewaltbereitschaft von Jugendlichen, daß Unglücks- und Ablehnungserfahrungen vor und während der Geburt durch spätere Ablehnungen und Mißhandlungen gewissermaßen gedoppelt wurden und ein Vertrauens- und Bindungsaufbau nicht mehr möglich war.
Bei ungewollter Schwangerschaft haben Mütter oder Eltern heute ganz andere soziale Unterstützungsmöglichkeiten als noch vor wenigen Jahren. Die allgemeine gesellschaftliche Sensibilität für die Situation der ungewollt Schwangeren ist enorm gewachsen. Wichtig aber scheint mir der Gesichtspunkt, daß es auch um die Ermöglichung innerer Nachentwicklung und Unterstützung der eigenen Potentiale zu einer Elternschaft geht. Dieses Feld scheint mir bisher wenig erschlossen. Mütter suchen oft erst Hilfe, wenn das Kind auffällig wird, und brauchen dann noch länger, bis sie für sich selbst zu der nötigen Hilfe finden können. Das sollte anders werden. Kindertherapeuten und Familientherapeuten können dazu im Verein mit Beratungsstellen eine stille und wertvolle Arbeit leisten.
Leider ist es immer noch so, daß diejenigen, die die Hilfe am dringendsten bräuchten, das vorhandene Angebot am wenigsten nutzen können. Hier brauchen wir noch eine Zunahme an sozialer Verantwortlichkeit und Wahrnehmung der verheerenden Folgen entgleisender Frühsozialisation, damit die vorhandenen Potentiale dafür benutzt werden können, daß man aktiv auf diese Familien zugeht und aktiv Hilfestellung und Unterstützung gibt. Gerade auch unter ökonomischen Gesichtspunkten würde dies sehr viel Sinn machen. Eine dissoziale Entwicklung oder eine schwerere psychosomatische und auch somatische Krankheitsdisposition durch frühe Deprivation kann die Gesellschaft Hunderttausende von Mark kosten, während ein Bruchteil der Summe nötig wäre, um die anfängliche Entwicklung konstruktiv zu unterstützen.
Trotz vieler Bemühungen und sozialer Hilfestellungen habe ich den Eindruck, daß die gesellschaftliche Bedeutung von früher psychischer Depriviertheit in Familien immer noch zu wenig erkannt ist und deshalb eine Tendenz zum

Treibenlassen der Probleme besteht. Sonst könnte es nach meinem Eindruck nicht sein, daß z.B. Frauenhäuser und Jugendzentren, wo das genannte Deprivationselend sichtbar wird, immer noch jedes Jahr um ihren Erhalt kämpfen müssen und die permanente Überforderung der Mitarbeiter durch das Ausmaß des Unglücks, mit dem sie zu tun haben, zu wenig gewürdigt wird. Eine erweiterte Planung und Förderung solcher Unterstützungseinrichtungen ist dringend notwendig.
Wichtig scheint mir auch der Gesichtspunkt, daß es nie zu spät ist, sich um Hilfe zu bemühen. Wenn eine Mutter mit einem unehelichen Kind als Alleinerziehende die immer noch bestehenden Benachteiligungen durchgestanden hat, kann es durchaus Sinn machen, auch in der Phase der Ablösung des Kindes oder auch danach sich Unterstützung durch eine psychotherapeutische Begleitung zu holen.

Abschließende Bemerkungen

Um die durch geschichtliches Leid und Unglück bedingten kollektiven Unfreundlichkeiten und Aversionen dem Kind gegenüber in unseren Gesellschaften nicht zu vergessen, um das Thema des Gewolltseins oder Ungewolltseins besser gewichten zu können, ist es notwendig, nun den Blick zu schärfen für den Evolutionsprozeß unserer Identität und Beziehungen, in dem wir alle stehen und an dem wir alle gestaltend mitarbeiten können. Das gewachsene Wissen in die Zusammenhänge der Folgen früher Belastungen ermöglicht ganz neue Handlungsperspektiven und führt zu neuen Verantwortlichkeiten. Insbesondere geht es um unsere Verantwortung für die Vorbereitung der Jugendlichen und jungen Erwachsenen auf die Lebensdimension Elternschaft, wie dies die Freiburger Gestaltungstherapeutin Lore Böker vorgeschlagen hat. Unsere Schulen sollten viel mehr auch Lebensschulen, Beziehungsschulen und Elternschulen sein, als sie es heute sind. Ganz einseitig stehen berufsbezogene Fähigkeiten im Vordergrund, obwohl der Beruf nur eine Hälfte des späteren

Lebens ausmacht. Die Lebensschule erfolgt heute weitgehend durch Film und Fernsehen, insbesondere durch die Faszination der Hollywood-Filme, ohne daß hier gesellschaftliche Initiativen einer aktiven Begleitung der Jugendlichen ins Leben entstünden. Die augenblickliche Gleichgültigkeit oder vorwurfsvolle Klagsamkeit ist auch eine Form gesellschaftlicher Ablehnung der nächsten Generation oder eines Ungewolltseins. Die Jugendlichen sollen als Ingenieure, Betriebswirtschaftler und Fachlehrer funktionieren und so der älteren Generation dienstbar sein, wie diese der vorangehenden Generation dienstbar zu sein hatte.
Das von den genannten Entfremdungen gezeichnete und beeinträchtigte Lebenswissen in den Familien bedarf dringlich der Ergänzung und der Vermittlung des in den modernen Psychotherapien, Sozialwissenschaften und Kulturwissenschaften gewachsenen Lebenswissens.
In den Eltern-Kind-Beziehungen steckt das tiefe Potential, daß Eltern in sich das Bedürfnis haben, den Kindern eine bessere Entwicklung zu ermöglichen, als sie selbst hatten. Dieses Potential gilt es zu unterstützen und wirksam werden zu lassen.

Literatur

Böker, L., Modellprojekt »Die Emanzipation des Kindes – Das Kontinuum-Konzept«. International Journal of Prenatal and Perinatal Psychology and Medicine 9 (1997) 376–390.
Rottmann, G., Untersuchungen über Einstellungen zur Schwangerschaft und zur fötalen Entwicklung. In: H. Graber (Hrsg.), Pränatale Psychologie. München 1974, 68–87.

Autoren und Herausgeber

Hannelore Dehne, geb. 1951, Diplom-Psychologin, Ausbildung in tiefenpsychologischer Gesprächstherapie, arbeitet in eigener Praxis in Düsseldorf und bei einem gemeinnützigen Verein in Köln mit legasthenischen Kindern, Jugendlichen und Erwachsenen.
Anschrift: Kiesberger Straße 64, 50321 Brühl.

Klaus Evertz, geb. 1958, Bildender Künstler, Kunsttherapeut (BKMT/FEAT), Psychotherapeut (HPG); Ausstellungstätigkeit, Praxis für Psychotherapie und Kunsttherapie in Köln und wissenschaftliche Arbeit zur psychoanalytischen Theorie der Kunst (Kunstanalyse). Dozent an der Mildred-Scheel-Akademie der Deutschen Krebshilfe e.V., Mitglied des Beirats der Kunst- und Kulturstiftung der Psychologenschaft NRW (BDP), Köln; Gustav-Hans-Graber-Wissenschaftspreis, London 1998.
Praxis/Atelieradresse: Takustraße 39, 50825 Köln.

Johannes Fabricius, Dr. med./phil., Dozent und Lehrer an verschiedenen pädagogischen Hochschulen in Dänemark. Veröffentlichungen im Bereich der Tiefenpsychologie, der Literatur und der Geschichte, u.a. Die mittelalterlichen Alchimisten und ihre königliche Kunst (1976); Shakespeares verborgene Welt – eine Studie seines Unterbewußtseins (1989), Syphilis in Shakespeares England (1994).
Anschrift: Christian IV's Vej 88, 3400 Hillerod, Dänemark.

Barbara Friedrich, geb. 1944, Analytische Kinder- und Jugendlichen-Psychotherapeutin in freier Praxis, Dozentin und Kontrollanalytikerin am Psychoanalytischen Institut »Stuttgarter Gruppe« e.V., Supervision für Sozialpädagogen, Vorträge, freie Autorin für den Saarländischen Rundfunk und für den »Eckpunkt« beim SWR 2; Beiträge für Fachzeitschriften und Bücher: »Zweiter Vater? Instant father? – Stiefvater!« in: U. Schulz (Hrsg.): Väter … es ist, als wüßten sie nichts von ihrer Kraft, 1997; »Ines weiß selbst nicht, wer sie ist« (selbstverletzendes Verhalten) in: Schulte-Markwort, Diepold, Resch (Hrsg.): Psychische Störungen im Kindes- und Jugendalter. Ein psychodynamisches Fallbuch, Stuttgart 1998; »Kinder als Heilmittel?« in: Klaus Vetter (Hrsg.): Kinder – zu welchem Preis? Was es bedeutet, Kinder zu haben, Opladen/Wiesbaden 1999.
Anschrift: Mittlerer Bauernwaldweg 80, 70195 Stuttgart.

Maria Geiß-Wittmann, geb. 1934, Sozialpädagogin. Vorsitzende des Sozialdienstes katholischer Frauen (SkF) in Amberg.
Anschrift: Sozialdienst katholischer Frauen, Regensburger Straße 18, 92224 Amberg, Tel. 0 96 21 / 2 22 00. Internet-Adresse: www.moses-projekt.de

Roswita Huber-Schaffrath, geb. 1944, Dr. med., Fachärztin für Neurologie und Psychiatrie, Psychoanalytikerin, 1991 Ernennung zur Lehranalytikerin in der DGPT. Neuere Veröffentlichungen u.a.: zusammen mit U. Großmann: Körpersprache und sprachliche Deutung bei psychosomatischen Störungen, Vortrag 1989 am Institut für Psychotherapie und Psychoanalyse, Heidelberg-Mannheim; gemeinsam mit A. Gilliard: Wie kann ich sein – wenn Du mich liebst? – Gedanken zu der Schwierigkeit, eine autonome analytische Identität in den Grenzen institutionalisierter Analyse zu finden, Zeitschrift Psychoanalyse im Widerspruch Heft 8/92.
Anschrift: Vorster Landwehr 28, 41169 Mönchengladbach.

Ludwig Janus, geb. 1939, Dr. med., Psychoanalytischer Psychotherapeut, Lehrbeauftragter an der Universität Frankfurt für pränatale Psychologie. President-Elect der Internationalen Studiengemeinschaft für pränatale und perinatale Psychologie und Medizin (ISPPM). Veröffentlichungen zur Psychoanalyse, Psychosomatik, Geschichte der Psychoanalyse und zur Pränatalen Psychologie u.a. Die Psychoanalyse der vorgeburtlichen Lebenszeit und der Geburt, Pfaffenweiler 1993; Wie die Seele entsteht, München 1993.
Anschrift: Köpfelweg 52, 69118 Heidelberg.

Helga Levend, geb. 1944, Studium der Pädagogik, Redakteurin. Seit 1986 freie Autorin für den Rundfunk, für Fachzeitschriften und Zeitungen unter dem Namen Levend (u.a. Psychologie Heute und Frankfurter Rundschau). Buchveröffentlichungen als Herausgeberin und Autorin sind erschienen unter dem Namen Helga Häsing im Rowohlt Verlag in der Reihe ›Mit Kindern leben‹ und im S. Fischer Verlag in der Reihe ›Frau in der Gesellschaft‹, darunter: Unsere Kinder, unsere Träume (1987); mit Ingeborg Mues: Du gehst fort und ich bleib da (1989/1992); Vater und ich (1993); Und wenn ich dich liebe, was geht's dich an? (1995); mit Gunhild Gutschmidt: Handbuch Alleinerziehen (1992/1994). Jüngste Buchveröffentlichung: Der neue Partner und das Kind, Wiesbaden 2000.
Anschrift: Rohrbacher Straße 108, 69126 Heidelberg.

Hans von Lüpke, geb. 1937, Dr. med., Kinderarzt und Psychotherapeut; Mitbegründer des »Gesundheitszentrums Frankfurt/M. Böttgerstraße«, einer interdisziplinären Kooperationsform mit medizinischen, psychologischen, therapeutischen und pädagogischen Fachkräften. Hier 12 Jahre als Kinderarzt tätig, seitdem niedergelassener Psychotherapeut. Lehrbeauftragter an den Universitäten Frankfurt/M. und Mainz, FB Sonder- und Heilpädagogik. Vorstandsmitglied in der Internationalen Studiengemeinschaft für pränatale und perinatale Psychologie und Medizin. Veröffentlichungen zur Thematik Entwicklungs- und Therapiekonzepte mit besonderem Schwerpunkt auf der Bedeutung früher Erfahrungen und ihrer lebenslangen Verarbeitung.
Anschrift: Glauburgstraße 66, 60318 Frankfurt/M.

Thomas Reinert, geb. 1951, Dr. med., Facharzt für Nervenheilkunde und Psychotherapeutische Medizin, Psychoanalyse (DGIP/DGPT/DAGG), leitender Arzt der Fachklinik Langenberg; Lehr- und Kontroll-Analytiker sowie stellvertretender Vorsitzender des Alfred-Adler-Institutes Düsseldorf e.V.; Veröffentlichungen u.a.: »Das Problem der Gewalt in der Therapie von Ich-Struktur-Gestörten, insbesondere Borderline-Patienten«, in: U. Lehmkuhl (Hrsg.): Beiträge zur Individualpsychologie 21, »Gewalt in der Gesellschaft«, München/Basel 1995; »Zum individualpsychologischen Verständnis der Borderline-Störung – die ›rückwärts gerichtete Lebensbewegung‹«, Zeitschrift für Individualpsychologie 21 (1996), S. 37–47; »Von der Katze ohne Beine und der Insel auf dem Schiff – Einblicke in die Psyche« in: U. Lehmkuhl (Hrsg.): Beiträge zur Individualpsychologie 23, »Biographie und seelische Entwicklung«, München/Basel 1997; »Pränatalpsychologische Aspekte der Borderline-Störung«, Zeitschrift für Dynamische Psychiatrie 1999.
Anschrift: Fachklinik Langenberg, Krankenhausstraße 17, 42555 Velbert-Langenberg.

Gerhard Scheffler, geb. 1939, analytischer Kinder- und Jugendlichenpsychotherapeut in freier Praxis, Dozent und Supervisor am Institut für analytische Psychotherapie bei Kindern und Jugendlichen in Heidelberg. Arbeitsschwerpunkte: Drogen- und Suizidproblematik. Öffentlichkeitsarbeit durch Vorträge.
Anschrift: Uferstraße 48, 69120 Heidelberg.

Cornelia Sabine Thomsen, geb. 1956, Studium der Rechtswissenschaften und Slawistik an den Universitäten Freiburg, Göttingen und Guildford, England; Stage beim juristischen Dienst der EU Kommission in Brüssel; 1982–1987 Wissenschaftliche Mitarbeiterin bzw. Referendarin am Max-Planck-Institut für ausländisches öffentliches Recht und Völkerrecht in Heidelberg; 1987–1989 Persönliche Referentin des Rektors der Ruprecht-Karls-Universität Heidelberg; seit 1991 Rechtsanwältin in Heidelberg mit Tätigkeitsschwerpunkten Familien- und Erbrecht; Mediatorin, anerkanntes Mitglied der Bundesarbeitsgemeinschaft für Familienmediation (BAFM).
Anschrift: Rohrbacher Straße 57, 69115 Heidelberg.

Edith Zeile, geb. 1936, Dr. phil., Akademische Oberrätin i.R., 25 Jahre Lehrtätigkeit am Institut für Deutsch als Fremdsprachenphilologie der Universität Heidelberg und an der Universität Pittsburgh, USA. Veröffentlichungen: Ich habe ein behindertes Kind, München 1988; Fremd unter Deutschen, Frankfurt 1991, Du bist ein Gedanke Gottes, Extertal 1992; Fachaufsätze und autobiographische Erzählungen in Sammelwerken.